GERHARD ARMBRUSTER
HANS GERNER

Rechnen – Schritt für Schritt 2

DÜRR & KESSLER
RHEINBREITBACH

1992/91/90

Illustrationen: Heinrich Heisters
Satz: SDV, Saarbrücker Druckerei und Verlag GmbH, Saarbrücken
Druck: Friedrich Pustet, Regensburg
ISBN 3-8181-**0019-5**

Wir können Aufgaben bis 6 lösen.

Wir spielen die Bildergeschichte und schreiben die Rechnung auf.

1

Lege die Aufgaben zuerst.

2

1 + 1 = ☐	5 + 1 = ☐	4 + 2 = ☐	1 + 4 = ☐	1 + 1 + 3 = ☐
2 + 1 = ☐	1 + 2 = ☐	1 + 3 = ☐	1 + 5 = ☐	2 + 2 + 2 = ☐
4 + 1 = ☐	3 + 2 = ☐	3 + 3 = ☐	2 + 4 = ☐	1 + 3 + 1 = ☐
5 + 1 = ☐	2 + 2 = ☐	2 + 3 = ☐	1 + 5 = ☐	4 + 1 + 1 = ☐

3

2 − 1 = ☐	3 − 1 = ☐	4 − 2 = ☐	5 − 3 = ☐	4 − 2 − 1 = ☐
4 − 1 = ☐	3 − 2 = ☐	6 − 2 = ☐	6 − 4 = ☐	5 − 2 − 3 = ☐
6 − 1 = ☐	5 − 2 = ☐	4 − 3 = ☐	5 − 4 = ☐	6 − 1 − 2 = ☐
5 − 1 = ☐	2 − 2 = ☐	4 − 2 = ☐	6 − 5 = ☐	6 − 4 − 1 = ☐

Welche Rechnung paßt zur Bildergeschichte? Schreibe sie auf.

4

5

2 = 1 + ☐	4 = 1 + ☐	4 = 2 + ☐	5 = 5 + ☐	6 = 4 + ☐
3 = 2 + ☐	3 = 3 + ☐	5 = 2 + ☐	5 = 4 + ☐	6 = 5 + ☐
3 = 1 + ☐	4 = 4 + ☐	5 = 3 + ☐	6 = 3 + ☐	6 = 6 + ☐
4 = 2 + ☐	4 = 3 + ☐	5 = 1 + ☐	6 = 2 + ☐	6 = 1 + ☐

6

1 + ☐ = 2	1 + ☐ = 5	2 + ☐ = 3	3 + ☐ = 3	3 + ☐ = 6
1 + ☐ = 4	2 + ☐ = 4	2 + ☐ = 2	1 + ☐ = 6	4 + ☐ = 6
1 + ☐ = 6	2 + ☐ = 6	3 + ☐ = 4	4 + ☐ = 4	4 + ☐ = 5
1 + ☐ = 3	2 + ☐ = 5	3 + ☐ = 5	2 + ☐ = 6	5 + ☐ = 6

Wir kennen die Menge und die Zahl 7.

1 Zähle die Plättchen. Lege und male sie.
Schreibe dazu, wie viele es sind.

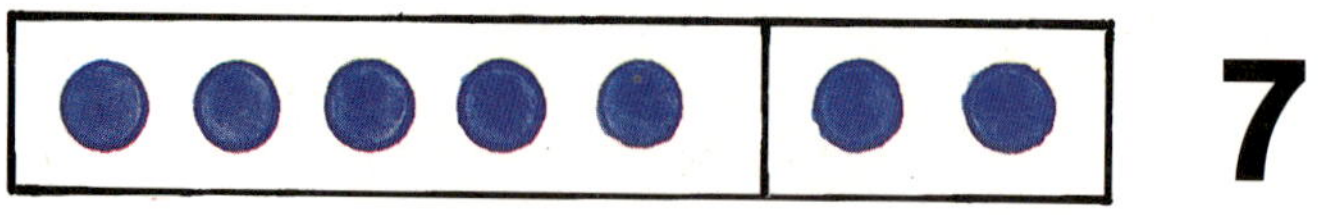

Wir kennen die Reihenfolge der Zahlen von 1 bis 7.

2 Lege und male genauso. Sage die Zahlenreihe auswendig her. Welche Zahl steht hinter 6? Welche Zahlen sind größer als 4, welche kleiner?

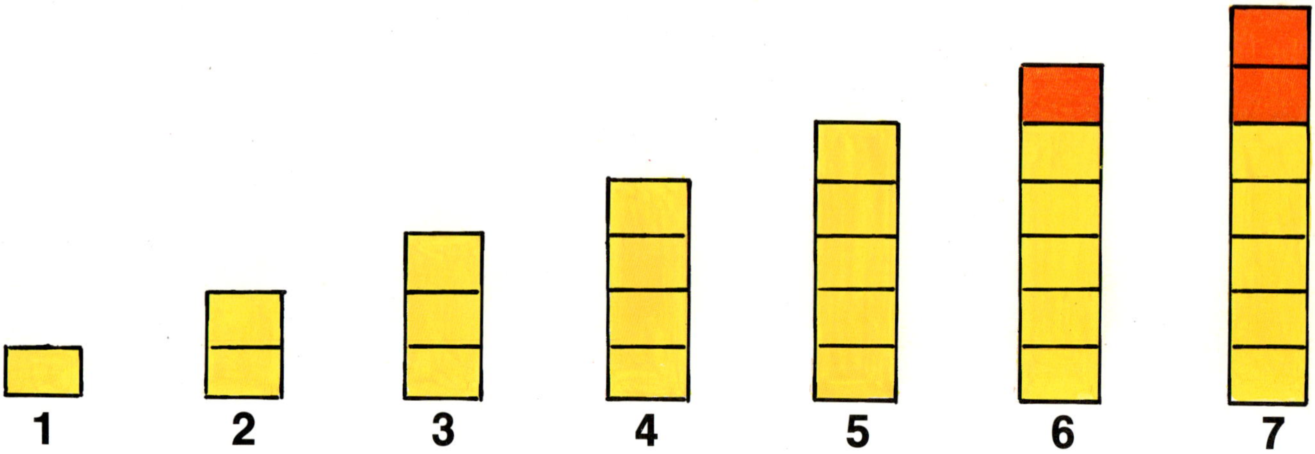

Wir können 7 Dinge numerieren.

3 Lies die Nummern vor. Welche fehlt? Zeige das 7. Haus.
Male 7 Häuser und numeriere sie.

Wir können verschieden angeordnete Siebenermengen nachlegen.

4 Lege 7 Plättchen genauso. Kannst du sie noch anders legen?

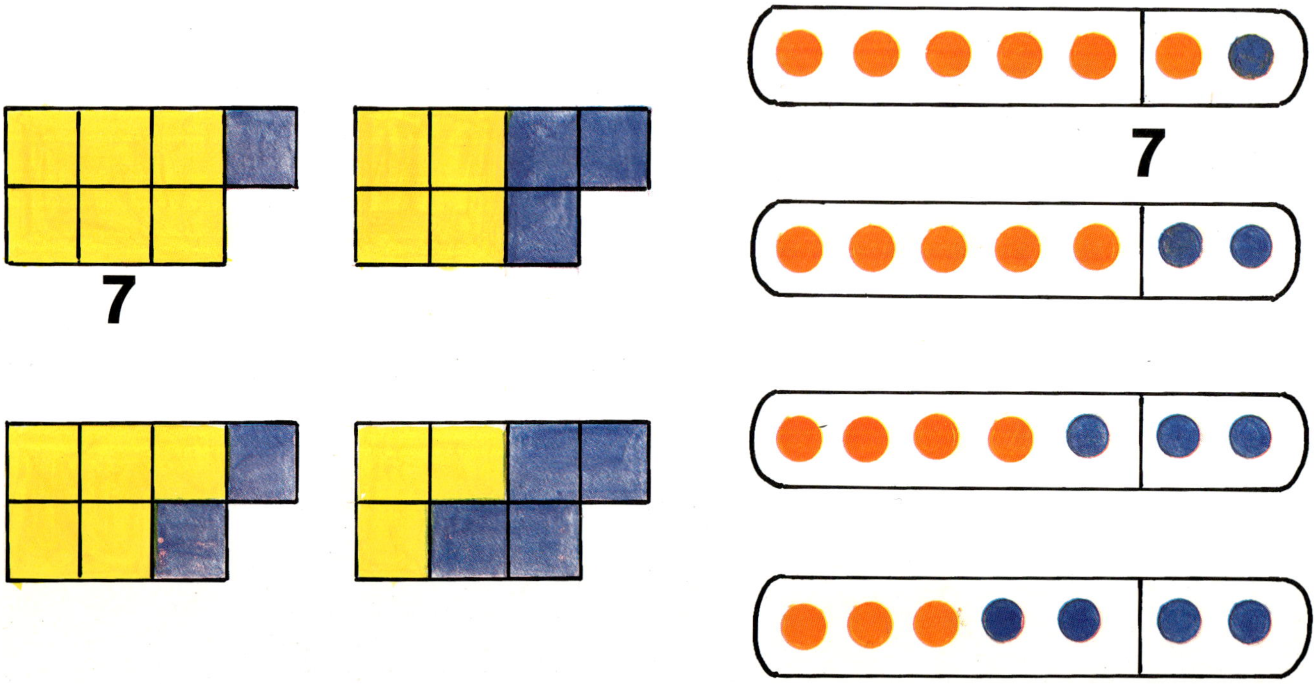

Wir können +Aufgaben bis 7 lösen.

Erzähle, was geschieht.

1

$5 + 2 = \square$

2 Lege zuerst.
Was ist bei den Aufgaben gleich, was ist verschieden?

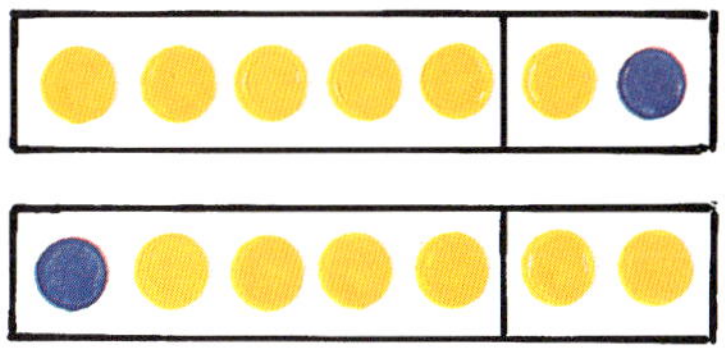

$6 + 1 = \square$

$1 + 6 = \square$

3

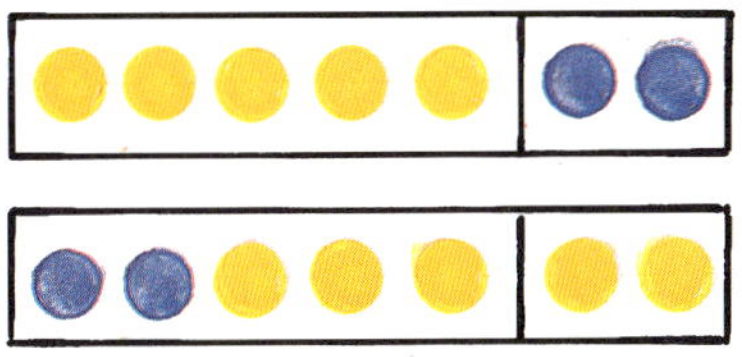

$5 + 2 = \square$

$2 + 5 = \square$

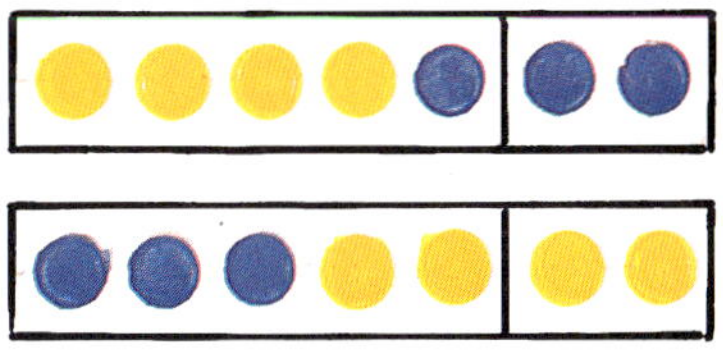

$4 + 3 = \square$

$3 + 4 = \square$

4

5 + 2 = □	1 + 4 = □	1 + 6 = □	1 + 6 = □	3 + 4 = □	1 + 3 = □
5 + 1 = □	5 + 2 = □	5 + 2 = □	2 + 1 = □	1 + 5 = □	3 + 4 = □
5 + 2 = □	1 + 5 = □	2 + 2 = □	1 + 6 = □	3 + 4 = □	1 + 2 = □
4 + 1 = □	5 + 2 = □	1 + 6 = □	1 + 5 = □	1 + 4 = □	3 + 4 = □
5 + 2 = □	2 + 4 = □	2 + 3 = □	1 + 6 = □	3 + 4 = □	1 + 6 = □

5

4 + 3 = □	2 + 1 = □	1 + 6 = □	6 + 1 = □	6 + 1 = □	1 + 6 = □
1 + 5 = □	4 + 3 = □	2 + 3 = □	6 + 0 = □	3 + 1 = □	6 + 1 = □
4 + 3 = □	3 + 3 = □	1 + 6 = □	6 + 1 = □	2 + 3 = □	2 + 3 = □
2 + 5 = □	4 + 3 = □	2 + 4 = □	3 + 4 = □	5 + 2 = □	4 + 3 = □
4 + 3 = □	5 + 2 = □	3 + 4 = □	6 + 1 = □	2 + 5 = □	3 + 4 = □

6

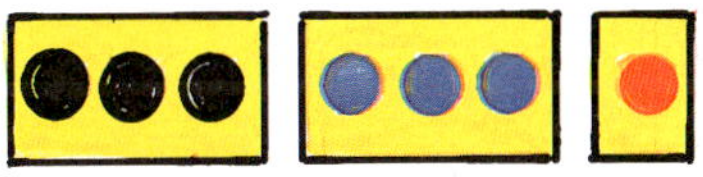

$3 + 3 + 1 = \square$

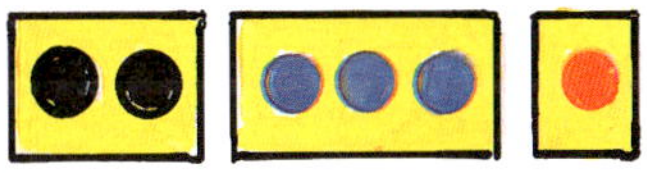

$2 + 3 + 1 = \square$

$1 + 4 + 2 = \square$

7

5 + 1 + 1 = □	1 + 2 + 1 = □	2 + 2 + 3 = □	3 + 1 + 3 = □
4 + 2 + 1 = □	2 + 1 + 4 = □	1 + 5 + 1 = □	2 + 1 + 3 = □
3 + 1 + 1 = □	1 + 3 + 2 = □	2 + 3 + 1 = □	2 + 1 + 4 = □
3 + 3 + 1 = □	1 + 4 + 2 − □	2 + 4 + 1 = □	1 + 4 + 1 − □

Wir können —Aufgaben bis 7 lösen.

Erzähle, was geschieht.

1

$7 - 2 = \square$

2

 $7 - 6 = \square$

 $7 - 5 = \square$

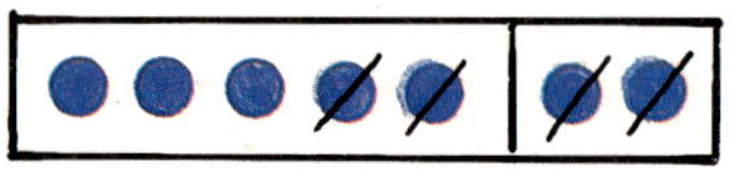 $7 - 4 = \square$

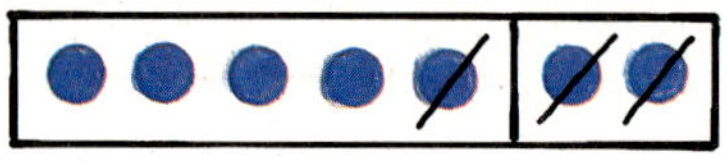 $7 - 3 = \square$

3

$7 - 6 = \square$	$6 - 4 = \square$	$7 - 5 = \square$	$4 - 2 = \square$	$7 - 4 = \square$	$7 - 5 = \square$
$5 - 2 = \square$	$7 - 6 = \square$	$4 - 3 = \square$	$7 - 5 = \square$	$5 - 3 = \square$	$7 - 4 = \square$
$7 - 6 = \square$	$5 - 1 = \square$	$7 - 5 = \square$	$6 - 2 = \square$	$7 - 4 = \square$	$6 - 6 = \square$
$7 - 7 = \square$	$7 - 6 = \square$	$6 - 5 = \square$	$7 - 5 = \square$	$6 - 1 = \square$	$7 - 4 = \square$
$7 - 6 = \square$	$6 - 1 = \square$	$7 - 5 = \square$	$5 - 5 = \square$	$7 - 4 = \square$	$7 - 6 = \square$

4

$7 - 3 = \square$	$7 - 6 = \square$	$7 - 2 = \square$	$4 - 4 = \square$	$7 - 1 = \square$	$7 - 4 = \square$
$7 - 5 = \square$	$7 - 3 = \square$	$7 - 5 = \square$	$7 - 2 = \square$	$5 - 4 = \square$	$7 - 1 = \square$
$7 - 3 = \square$	$6 - 4 = \square$	$7 - 2 = \square$	$7 - 3 = \square$	$7 - 1 = \square$	$6 - 5 = \square$
$7 - 6 = \square$	$7 - 4 = \square$	$7 - 6 = \square$	$7 - 2 = \square$	$7 - 3 = \square$	$7 - 1 = \square$
$7 - 3 = \square$	$7 - 3 = \square$	$7 - 2 = \square$	$7 - 1 = \square$	$7 - 1 = \square$	$7 - 0 = \square$

Welche Rechnung paßt zur Bildergeschichte? Schreibe sie auf.

5

$7 - 1 - 1 = \square$

$7 - 2 - 3 = \square$

$7 - 4 - 1 = \square$

$7 - 2 - 1 = \square$

6

$7 - 1 - 2 = \square$	$7 - 5 - 1 = \square$	$7 - 4 - 1 = \square$	$6 - 2 - 3 = \square$
$6 - 2 - 4 = \square$	$7 - 3 - 2 = \square$	$5 - 2 - 2 = \square$	$7 - 1 - 3 = \square$

7

$7 - 1 = \square$	$7 - 2 = \square$	$7 - 3 = \square$	$3 + 4 = \square$
$6 + 1 = \square$	$5 + 2 = \square$	$4 + 3 = \square$	$7 - 4 = \square$

Wir können Zerlegaufgaben bis 7 lösen.

Wir spielen die Bildergeschichte.

1

7 = 3 + □

2

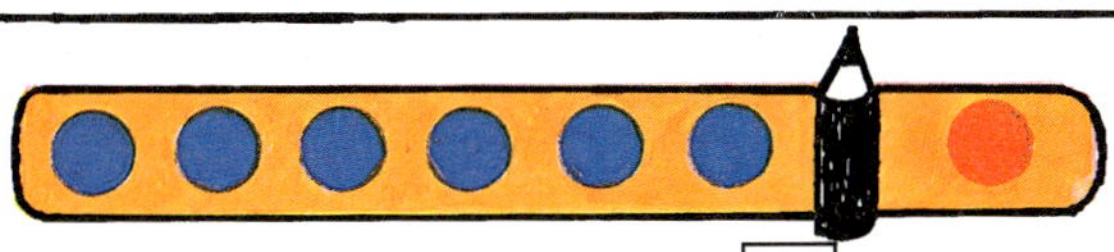

7 = 6 + □

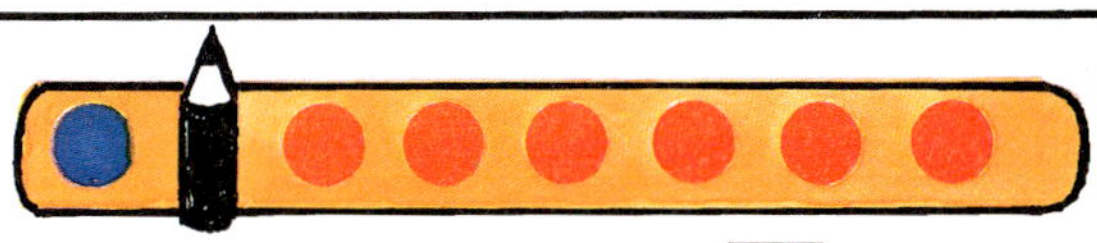

7 = 1 + □

3

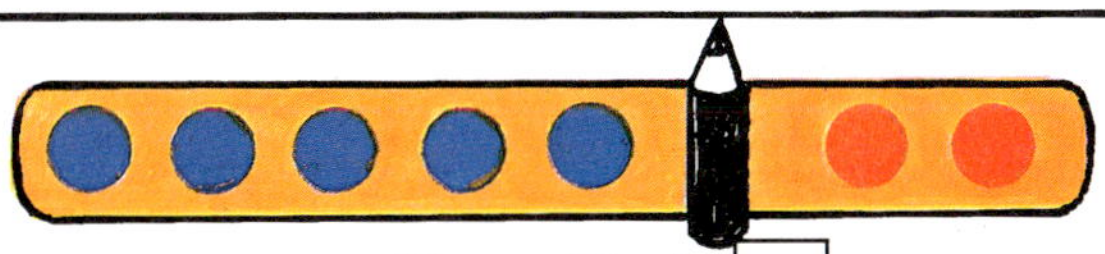

7 = 5 + □

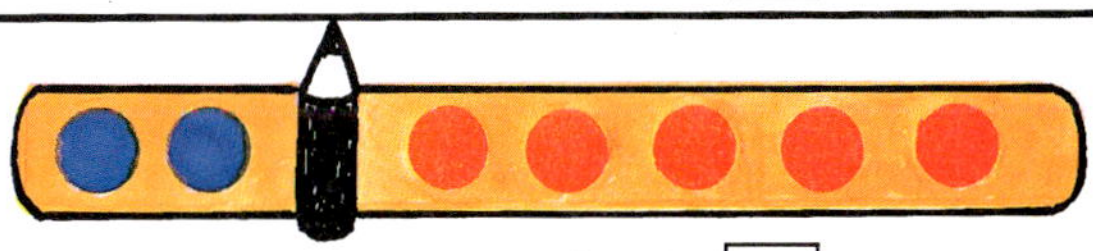

7 = 2 + □

4

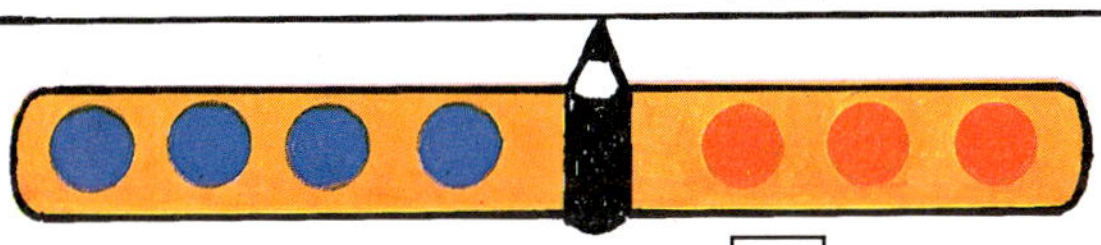

7 = 4 + □

7 = 3 + □

5

7 = 1 + □	6 = 4 + □	7 = 2 + □	7 = 2 + □	7 = 3 + □	5 = 1 + □
6 = 5 + □	7 = 1 + □	7 = 1 + □	5 = 2 + □	7 = 1 + □	7 = 3 + □
7 = 1 + □	5 = 3 + □	7 = 2 + □	7 = 1 + □	7 = 3 + □	7 = 1 + □
5 = 4 + □	7 = 1 + □	4 = 3 + □	7 = 3 + □	6 = 3 + □	7 = 3 + □
7 = 1 + □	7 = 2 + □	7 = 2 + □	7 = 2 + □	7 = 3 + □	6 = 2 + □

6

7 = 4 + □	5 = 2 + □	7 = 5 + □	3 = 2 + □	7 = 6 + □	7 = 6 + □
4 = 3 + □	7 = 4 + □	6 = 2 + □	7 = 5 + □	7 = 4 + □	7 = 5 + □
7 = 4 + □	4 = 2 + □	7 = 5 + □	6 = 3 + □	7 = 6 + □	4 = 1 + □
3 = 1 + □	7 = 4 + □	7 = 3 + □	7 = 5 + □	5 = 2 + □	7 = 5 + □
7 = 4 + □	6 = 1 = □	7 = 5 + □	7 = 4 + □	7 = 6 + □	7 = 6 + □

7

7 = 1 + 6	6 = □ + 5	7 = □ + 2	7 = □ + 3	7 = □ + 1	5 = □ + 1
7 = □ + 6	7 = □ + 6	6 = □ + 2	5 = □ + 2	4 = □ + 1	7 = □ + 4
7 = 2 + 5	6 = □ + 4	7 = □ + 2	7 = □ + 3	7 = □ + 1	6 = □ + 1
7 = □ + 5	7 = □ + 6	7 = □ + 4	6 = □ + 6	6 = □ + 5	7 = □ + 3
7 = □ + 4	6 = □ + 3	7 = □ + 2	7 = □ + 3	7 = □ + 1	7 = □ + 2

Wir können Ergänzungsaufgaben bis 7 lösen.

Wir spielen die Bildergeschichte.

1

5 + □ = 7 5 + 2 = 7

2

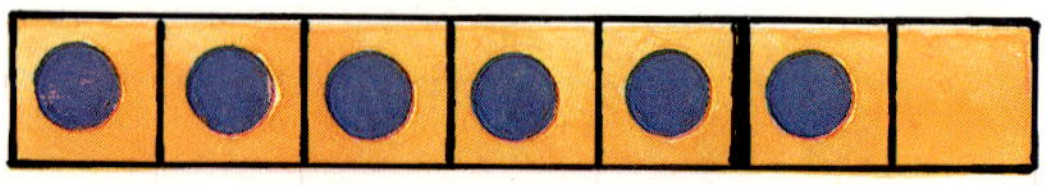

6 + □ = 7

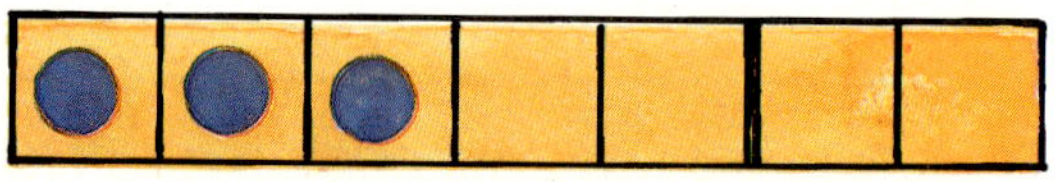

3 + □ = 7

3

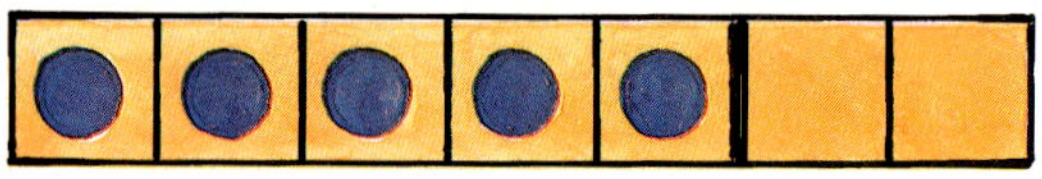

5 + □ = 7

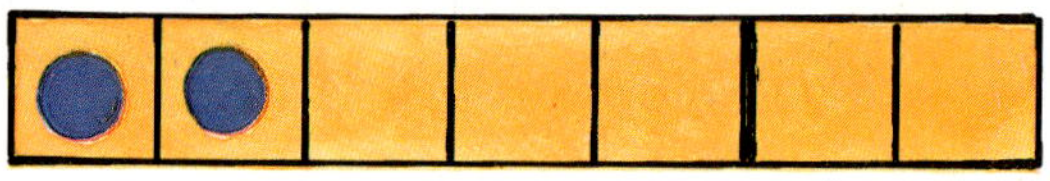

2 + □ = 7

4

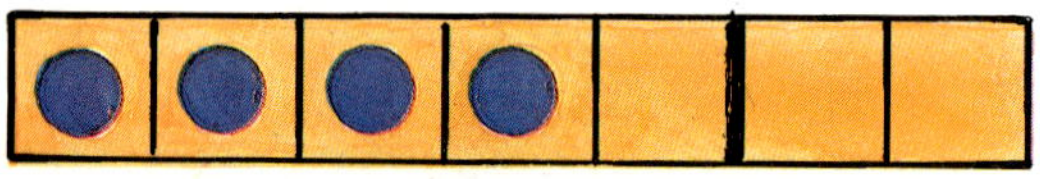

4 + □ = 7

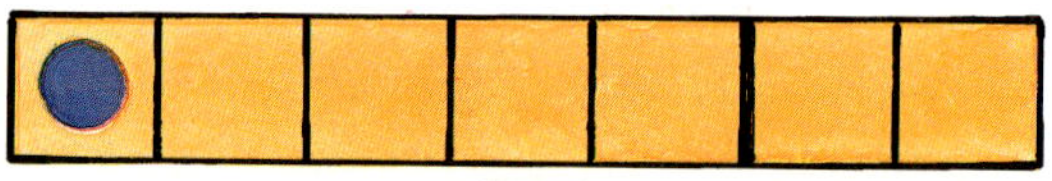

1 + □ = 7

5

1 + □ = 7	2 + □ = 5	2 + □ = 7	1 + □ = 7	3 + □ = 7	3 + □ = 7
2 + □ = 6	1 + □ = 7	1 + □ = 7	2 + □ = 7	2 + □ = 7	2 + □ = 6
1 + □ = 7	4 + □ = 6	2 + □ = 7	3 + □ = 6	3 + □ = 7	1 + □ = 7
3 + □ = 6	1 + □ = 7	1 + □ = 7	1 + □ = 7	1 + □ = 7	3 + □ = 7
1 + □ = 7	2 + □ = 6	2 + □ = 7	2 + □ = 7	3 + □ = 7	2 + □ = 7

6

4 + □ = 7	2 + □ = 7	5 + □ = 7	4 + □ = 7	6 + □ = 7	5 + □ = 7
3 + □ = 7	4 + □ = 7	4 + □ = 7	5 + □ = 6	4 + □ = 7	6 + □ = 7
4 + □ = 7	3 + □ = 7	5 + □ = 7	3 + □ = 7	6 + □ = 7	4 + □ = 5
3 + □ = 6	4 + □ = 7	3 + □ = 7	2 + □ = 7	5 + □ = 7	6 + □ = 7
4 + □ = 7	1 + □ = 7	5 + □ = 7	5 + □ = 7	6 + □ = 7	5 + □ = 7

Aufpassen, hier stehen verschiedenerlei Rechnungen!

7

3 + 4 = □	7 − 5 = □	5 + 2 = □	6 + 1 = □	7 = 1 + □	7 − 3 = □
7 − 2 = □	1 + 6 = □	7 − 4 = □	6 + □ = 7	7 − 1 = □	7 = 6 + □
3 + 3 = □	7 − 1 = □	4 + 3 = □	2 + 4 = □	7 = 2 + □	7 − 4 = □
7 − 6 = □	2 + 5 = □	7 − 3 = □	5 + □ = 7	7 − 2 = □	7 = 4 + □

Wir kennen die Menge und die Zahl 8.

1 Zähle die Plättchen. Lege und male sie.
Schreibe dazu, wie viele es sind.

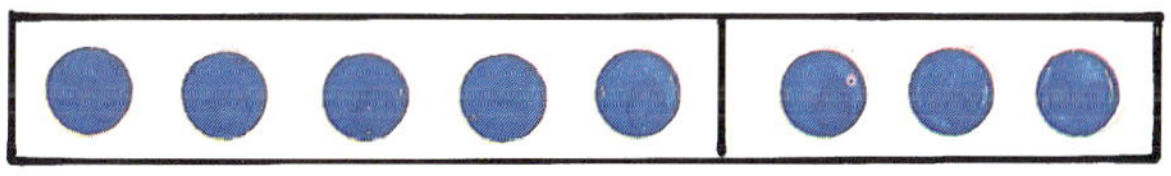

8

Wir kennen die Reihenfolge der Zahlen von 1 bis 8.

2 Lege und male genauso. Sage die Zahlenreihe auswendig her.
Welche Zahl steht hinter 7?
Welche Zahlen sind größer als 4, welche kleiner?

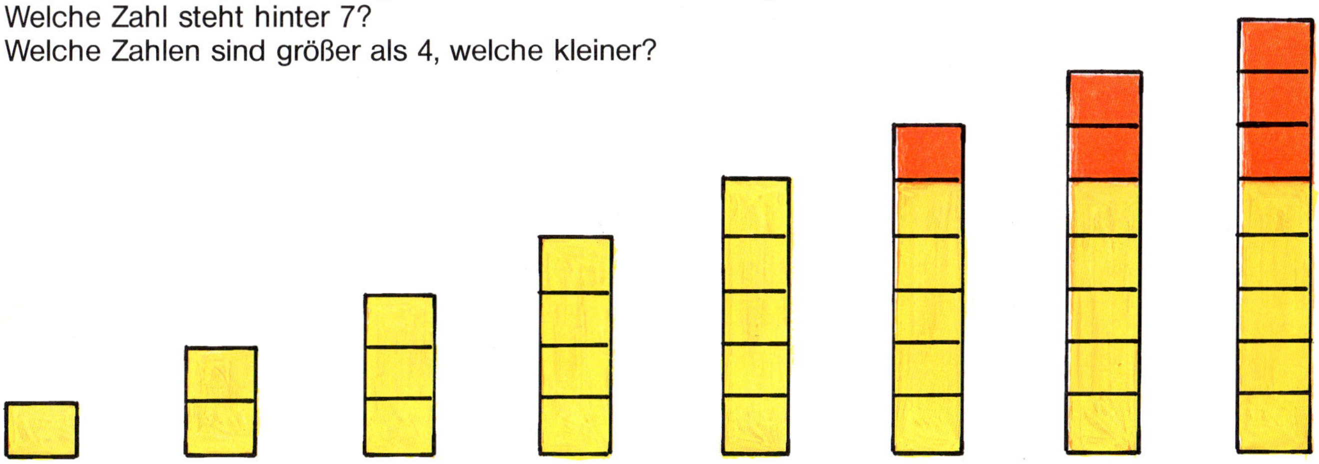

1 2 3 4 5 6 7 8

Wir können 8 Dinge numerieren.

3 Lies die Nummern vor. Welche fehlt? Zeige den 8. Baum.
Male 8 Bäume und numeriere sie.

1. 2. 3. 5. 6. 7. 8.

Wir können verschieden angeordnete Achtermengen nachlegen.

4 Lege 8 Plättchen genauso. Kannst du sie noch anders legen?

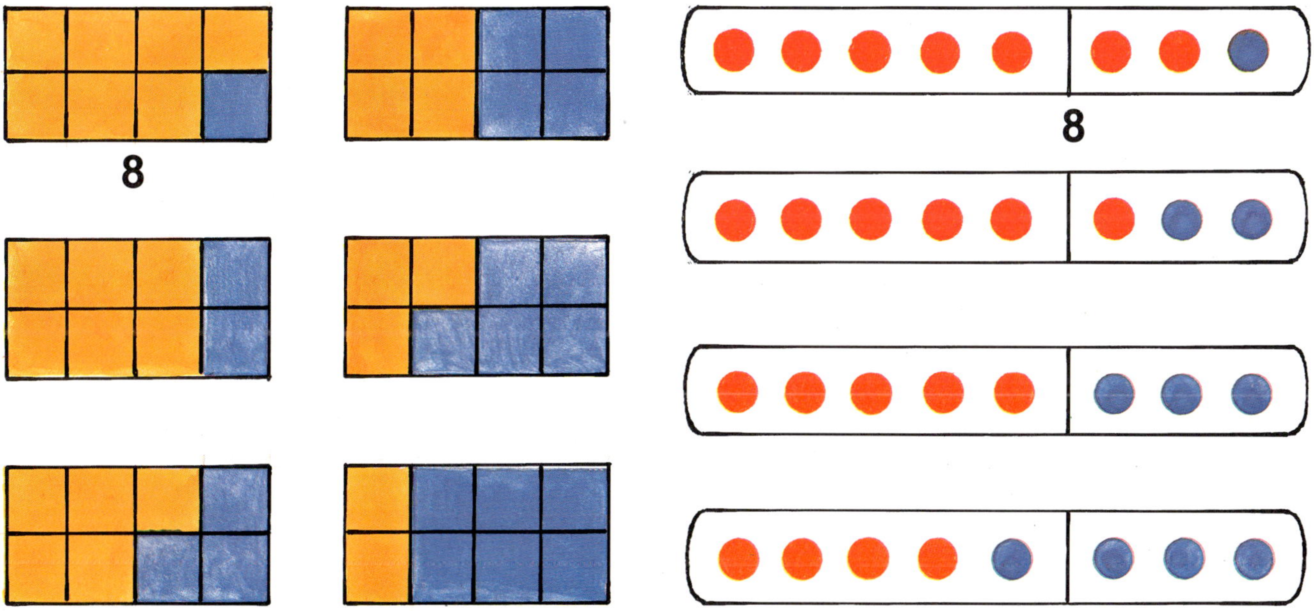

Wir kennen das Ein-, Zwei-, und Fünfpfennigstück.

1 Zeige das Ein-, das Zwei-, das Fünfpfennigstück.

Wir wissen, daß ein Zweipfennigstück soviel wert ist wie 2 Pfennige,
daß ein Fünfpfennigstück soviel wert ist wie 5 Pfennige.

Wir spielen Geldwechseln.

2

3 **Wir wissen, daß Pf Pfennig heißt.**

3 Pf heißt 3 Pfennige

Wir können Geldmengen bis zu 8 Pfennigen legen.

Lege und male das Geld. Schreibe dazu, wieviel es ist.

4

5

6

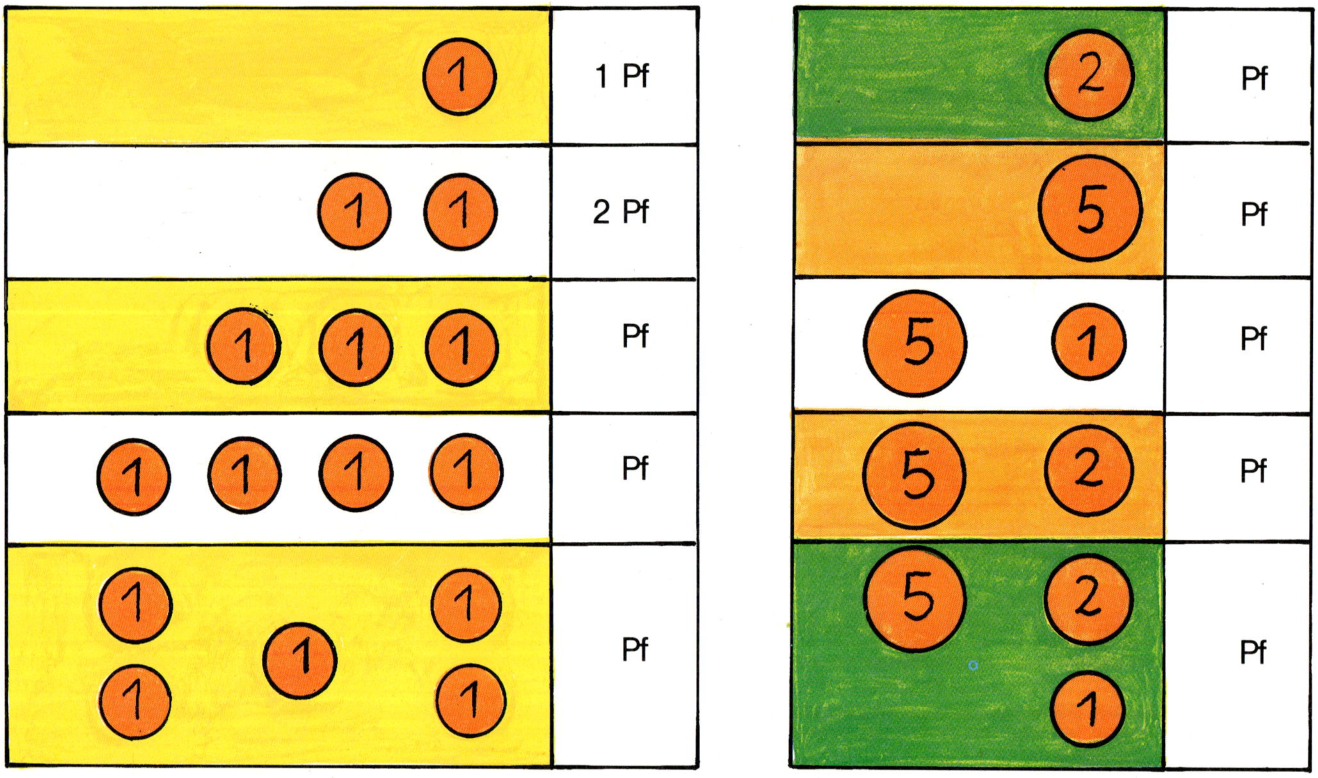

Wir können in Zahlen angegebene Geldbeträge mit Münzen legen.

Lege die Geldbeträge mit Ein-, Zwei-, und Fünfpfennigstücken.
Male das Geld. Schreibe dazu, wieviel es ist.

7

1 Pf	2 Pf	3 Pf	4 Pf	5 Pf	6 Pf	7 Pf	8 Pf

Wir können +Aufgaben bis 8 lösen.

Erzähle, was geschieht.

1

4 + 4 = ☐

2

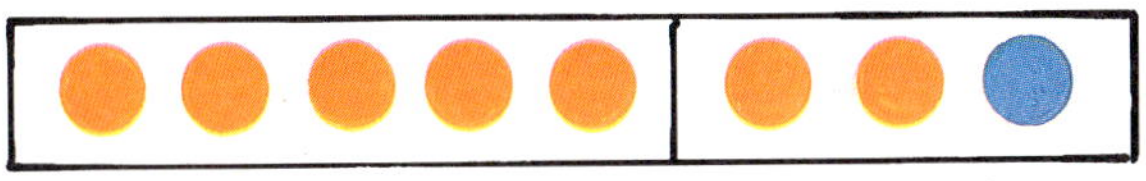

7 + 1 = ☐

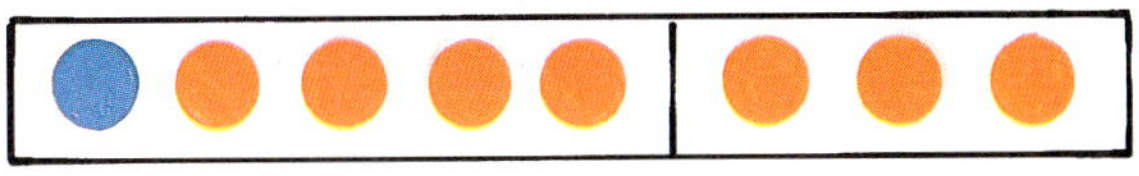

1 + 7 = ☐

3

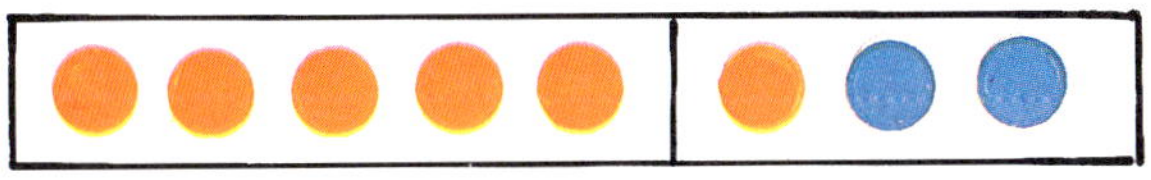

6 + 2 = ☐

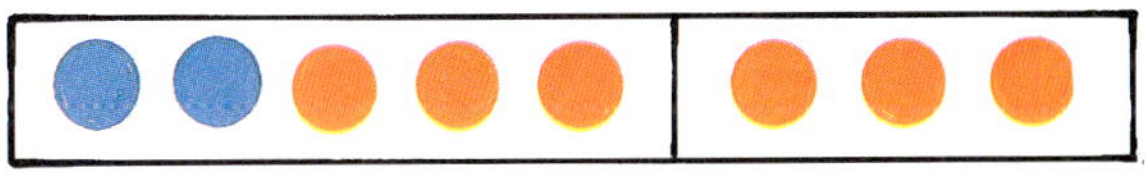

2 + 6 = ☐

4

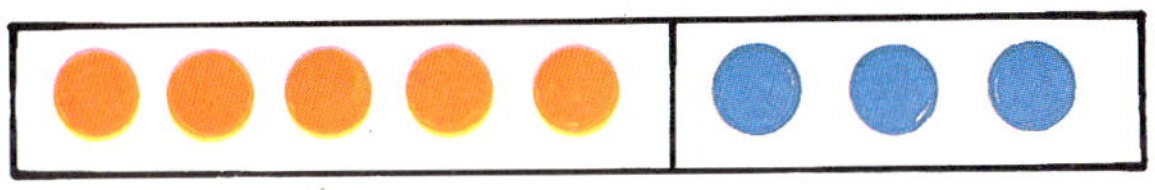

5 + 3 = ☐

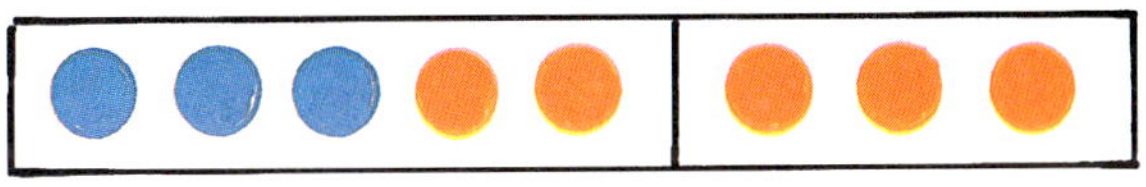

3 + 5 = ☐

5

1 + 7 = ☐	1 + 4 = ☐	2 + 6 = ☐	3 + 2 = ☐	3 + 5 = ☐	2 + 3 = ☐
1 + 6 = ☐	1 + 7 = ☐	3 + 4 = ☐	2 + 6 = ☐	2 + 6 = ☐	3 + 5 = ☐
1 + 7 = ☐	2 + 6 = ☐	2 + 6 = ☐	4 + 3 = ☐	3 + 5 = ☐	3 + 1 = ☐
1 + 5 = ☐	1 + 7 = ☐	3 + 3 = ☐	1 + 7 = ☐	2 + 4 = ☐	3 + 5 = ☐
1 + 7 = ☐	2 + 5 = ☐	2 + 6 = ☐	2 + 6 = ☐	3 + 5 = ☐	1 + 7 = ☐

6

4 + 4 = ☐	5 + 3 = ☐	4 + 4 = ☐	6 + 2 = ☐	7 + 1 = ☐	3 + 1 = ☐
2 + 4 = ☐	1 + 6 = ☐	5 + 3 = ☐	1 + 4 = ☐	6 + 2 = ☐	4 + 1 = ☐
4 + 4 = ☐	5 + 3 = ☐	1 + 3 = ☐	7 + 1 = ☐	4 + 1 = ☐	5 + 1 = ☐
3 + 5 = ☐	4 + 4 = ☐	6 + 2 = ☐	6 + 2 = ☐	5 + 3 = ☐	6 + 1 = ☐
4 + 4 = ☐	5 + 3 = ☐	1 + 5 = ☐	8 + 0 = ☐	6 + 2 = ☐	7 + 1 = ☐

Lege die Aufgaben mit Spielgeld.

7

5 Pf + 1 Pf = ☐ Pf	2 Pf + 6 Pf = ☐ Pf	7 Pf + 1 Pf = ☐ Pf
5 Pf + 2 Pf = ☐ Pf	1 Pf + 6 Pf = ☐ Pf	4 Pf + 3 Pf = ☐ Pf
5 Pf + 3 Pf = ☐ Pf	6 Pf + 2 Pf = ☐ Pf	1 Pf + 7 Pf = ☐ Pf

Wir können –Aufgaben bis 8 lösen.

Wir spielen die Bildergeschichte.

1

8 – 2 = □

2

8 – 7 = □

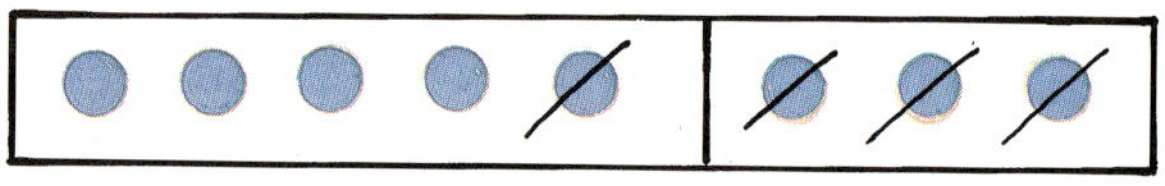

8 – 4 = □

3

8 – 6 = □

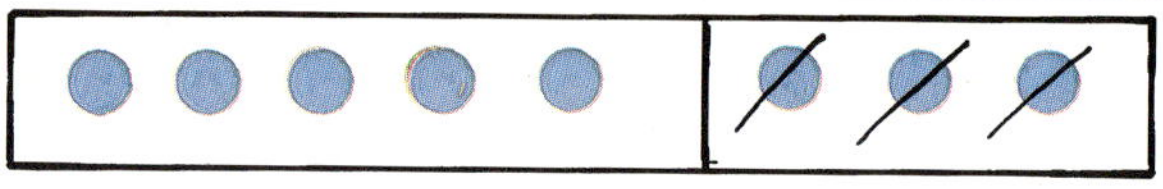

8 – 3 = □

4

8 – 5 = □

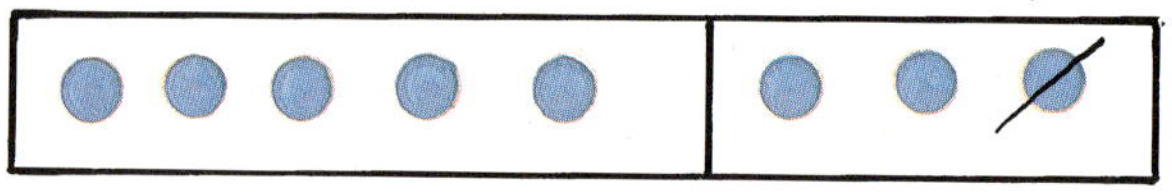

8 – 1 = □

5

8 – 7 = □	7 – 6 = □	8 – 6 = □	8 – 6 = □	8 – 5 = □	8 – 4 = □
8 – 8 = □	8 – 7 = □	8 – 8 = □	6 – 5 = □	8 – 6 = □	7 – 3 = □
8 – 7 = □	8 – 6 = □	8 – 7 = □	8 – 5 = □	8 – 7 = □	8 – 5 = □
8 – 8 = □	8 – 7 = □	8 – 6 = □	8 – 7 = □	8 – 5 = □	8 – 4 = □
8 – 7 = □	8 – 6 = □	8 – 7 = □	8 – 6 = □	8 – 4 = □	8 – 5 = □

6

8 – 3 = □	6 – 5 = □	8 – 2 = □	8 – 1 = □	8 – 8 = □	8 – 2 = □
8 – 4 = □	8 – 3 = □	8 – 3 = □	7 – 3 = □	8 – 7 = □	8 – 3 = □
8 – 5 = □	8 – 4 = □	8 – 6 = □	8 – 2 = □	8 – 6 = □	8 – 4 = □
8 – 6 = □	8 – 5 = □	8 – 2 = □	8 – 1 = □	6 – 5 = □	8 – 5 = □
8 – 4 = □	8 – 3 = □	8 – 7 = □	8 – 2 = □	8 – 4 = □	8 – 6 = □

7

8 Pf – 1 Pf = □ Pf	6 Pf – 4 Pf = □ Pf	5 Pf – 3 Pf = □ Pf
8 Pf – 2 Pf = □ Pf	8 Pf – 5 Pf = □ Pf	8 Pf – 8 Pf = □ Pf
7 Pf – 6 Pf = □ Pf	8 Pf – 6 Pf = □ Pf	7 Pf – 3 Pf = □ Pf
8 Pf – 3 Pf = □ Pf	8 Pf – 7 Pf = □ Pf	8 Pf – 7 Pf = □ Pf
8 Pf – 4 Pf = □ Pf	7 Pf – 4 Pf = □ Pf	8 Pf – 6 Pf = □ Pf

Wir können Zerlegaufgaben bis 8 lösen.

Wir spielen die Bildergeschichte.

1

8 = 4 + ☐

2

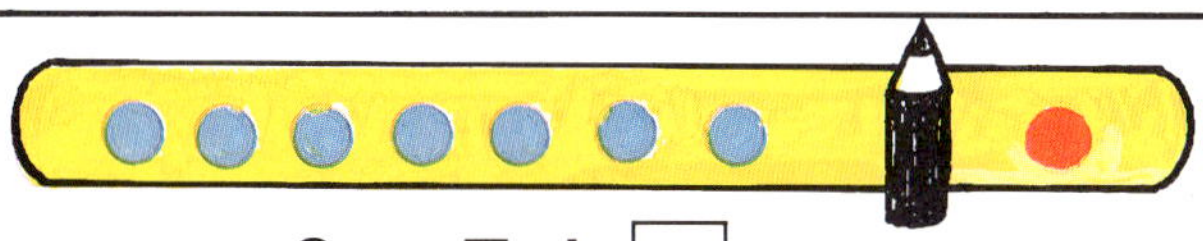

8 = 7 + ☐

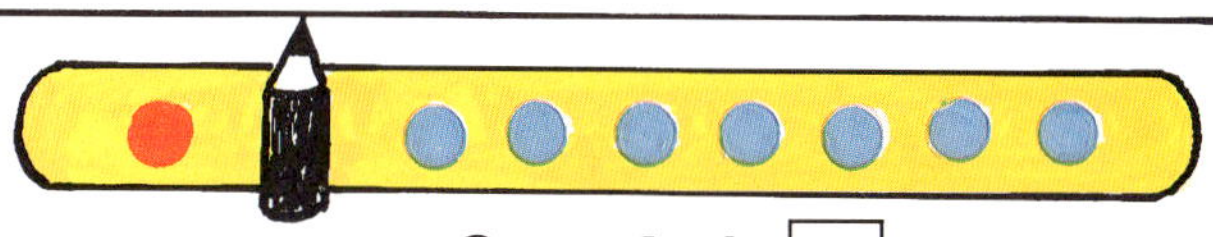

8 = 1 + ☐

3

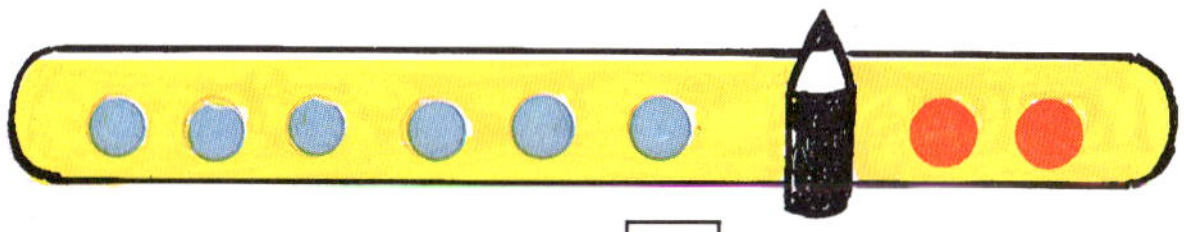

8 = 6 + ☐

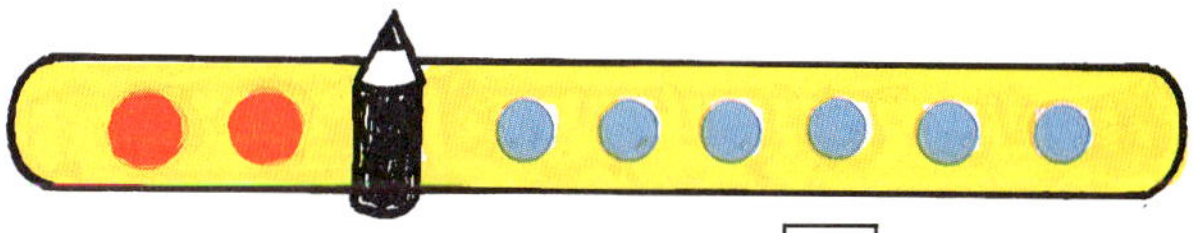

8 = 2 + ☐

4

8 = 5 + ☐

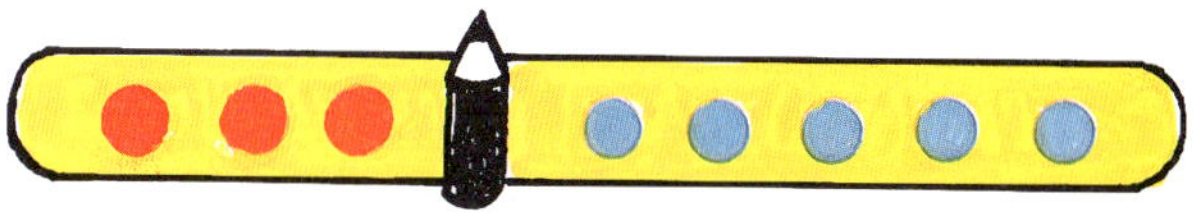

8 = 3 + ☐

5

8 = 1 + ☐	8 = 2 + ☐	8 = 3 + ☐	8 = 2 + ☐	8 = 4 + ☐	8 = 1 + ☐
8 = 2 + ☐	7 = 1 + ☐	8 = 2 + ☐	8 = 3 + ☐	8 = 3 + ☐	8 = 4 + ☐
3 = 1 + ☐	8 = 2 + ☐	8 = 3 + ☐	8 = 1 + ☐	7 = 2 + ☐	8 = 2 + ☐
8 = 2 + ☐	8 = 1 + ☐	6 = 1 + ☐	8 = 3 + ☐	8 = 4 + ☐	8 = 4 + ☐
8 = 1 + ☐	8 = 2 + ☐	8 = 3 + ☐	8 = 2 + ☐	8 = 3 + ☐	8 = 3 + ☐

6

8 = 5 + ☐	8 = 3 + ☐	8 = 6 + ☐	8 = 5 + ☐	6 = 3 + ☐	8 = 7 + ☐
6 = 4 + ☐	8 = 5 + ☐	5 = 5 + ☐	8 = 6 + ☐	8 = 7 + ☐	8 = 6 + ☐
8 = 5 + ☐	8 = 4 + ☐	8 = 6 + ☐	8 = 5 + ☐	8 = 6 + ☐	8 = 5 + ☐
8 = 4 + ☐	8 = 5 + ☐	8 = 5 + ☐	8 = 6 + ☐	8 = 7 + ☐	8 = 4 + ☐
8 = 5 + ☐	8 = 4 + ☐	8 = 6 + ☐	8 = 4 + ☐	8 = 6 + ☐	8 = 3 + ☐

Lege zuerst mit Spielgeld. Male die Sparbüchsen. Verteile das Geld so, daß in jeder der beiden Sparbüchsen gleich viel Geld ist.

7

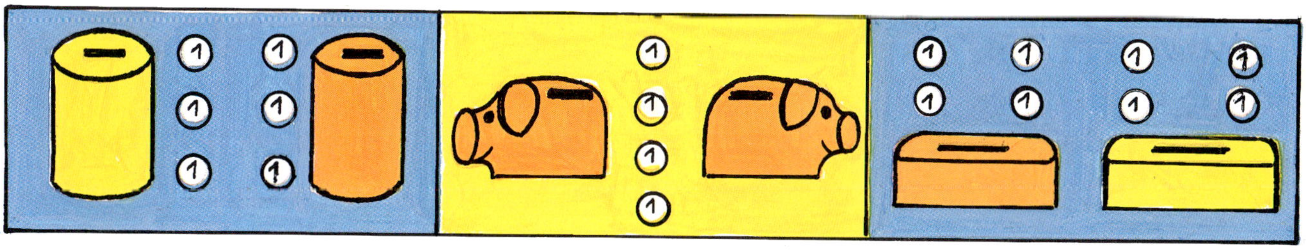

Wir können Ergänzungsaufgaben bis 8 lösen.

Erzähle, was geschieht.

1

7 + □ = 8

2

6 + □ = 8

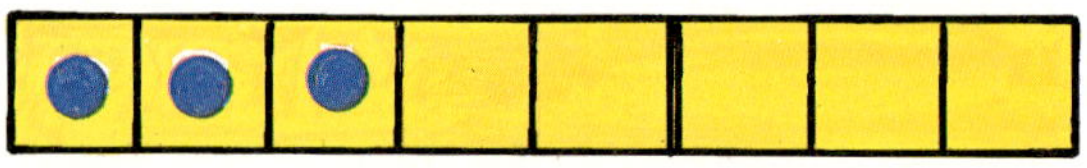

3 + □ = 8

3

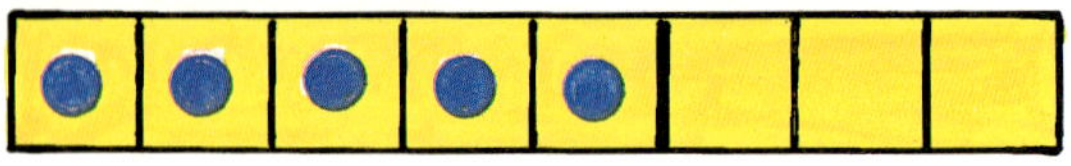

5 + □ = 8

2 + □ = 8

4

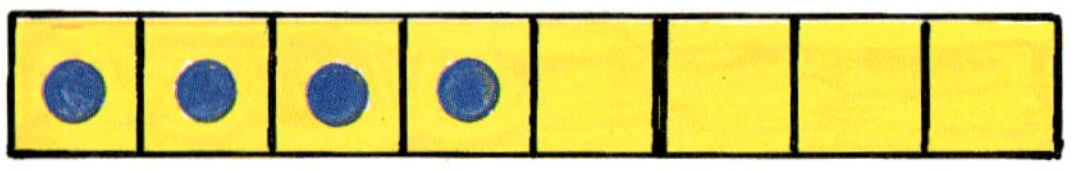

4 + □ = 8

1 + □ = 8

5

1 + □ = 8	2 + □ = 8	2 + □ = 8	1 + □ = 8	3 + □ = 8	1 + □ = 8
2 + □ = 8	1 + □ = 8	1 + □ = 8	2 + □ = 8	2 + □ = 8	3 + □ = 8
1 + □ = 8	2 + □ = 8	2 + □ = 7	3 + □ = 8	3 + □ = 8	2 + □ = 8
2 + □ = 7	1 + □ = 8	1 + □ = 8	2 + □ = 8	1 + □ = 8	4 + □ = 8
1 + □ = 8	2 + □ = 8	2 + □ = 8	3 + □ = 8	3 + □ = 8	3 + □ = 8

6

4 + □ = 8	5 + □ = 8	6 + □ = 8	4 + □ = 8	7 + □ = 8	3 + □ = 8
3 + □ = 8	2 + □ = 8	5 + □ = 8	6 + □ = 8	6 + □ = 8	4 + □ = 8
4 + □ = 8	5 + □ = 8	6 + □ = 8	5 + □ = 8	7 + □ = 8	5 + □ = 8
5 + □ = 8	4 + □ = 7	5 + □ = 8	6 + □ = 8	6 + □ = 8	6 + □ = 8
4 + □ = 8	5 + □ = 8	6 + □ = 8	7 + □ = 8	7 + □ = 8	7 + □ = 8

7

7 Pf + □ Pf = 8 Pf	4 Pf + □ Pf = 8 Pf	2 Pf + □ Pf = 8 Pf
1 Pf + □ Pf = 8 Pf	2 Pf + □ Pf = 8 Pf	1 Pf + □ Pf = 6 Pf
6 Pf + □ Pf = 8 Pf	5 Pf + □ Pf = 7 Pf	3 Pf + □ Pf = 8 Pf
2 Pf + □ Pf = 8 Pf	6 Pf + □ Pf = 8 Pf	2 Pf + □ Pf = 8 Pf
1 Pf + □ Pf = 8 Pf	5 Pf + □ Pf = 8 Pf	1 Pf + □ Pf = 8 Pf

1 Zähle die Plättchen. Lege und male sie.
Schreibe dazu, wie viele es sind.

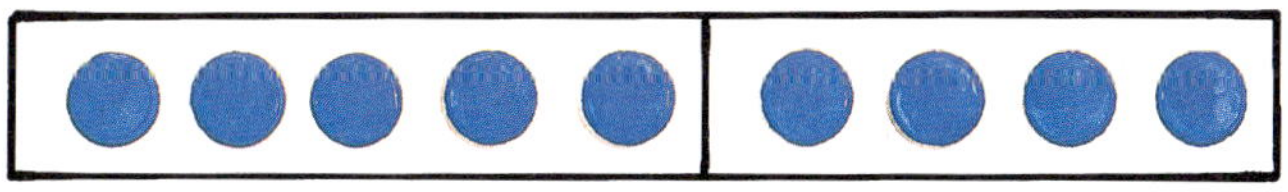

9

Wir kennen die Reihenfolge der Zahlen bis 9.

2 Lege und male genauso. Sage die Zahlenreihe auswendig her.
Welche Zahl steht hinter 8?
Welche Zahlen sind größer als 5, welche sind kleiner als 5?

1 2 3 4 5 6 7 8 9

Wir können 9 Dinge numerieren.

3 Lies die Nummern vor. Welche fehlt? Zeige das 9. Kind.
Male 9 Kinder und numeriere sie.

1. 2. 3. 4. 6. 7. 8. 9.

Wir können verschieden angeordnete Neunermengen nachlegen.

4 Lege 9 Plättchen genauso. Kannst du sie noch anders legen?

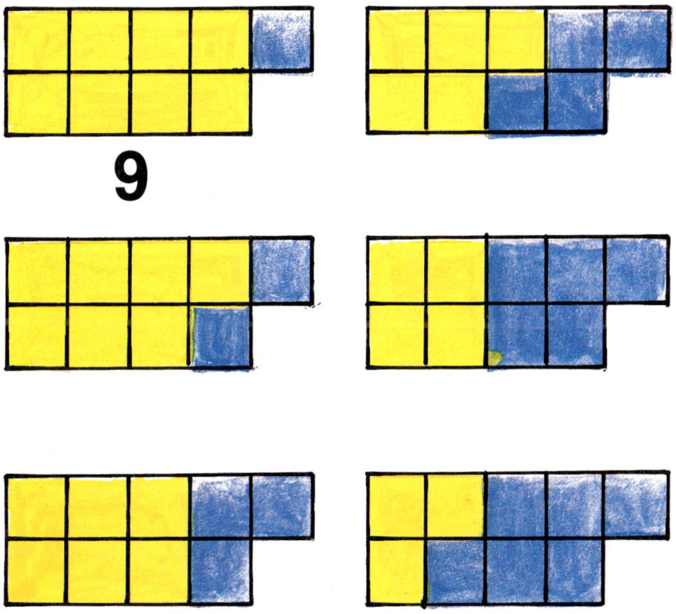

9

5

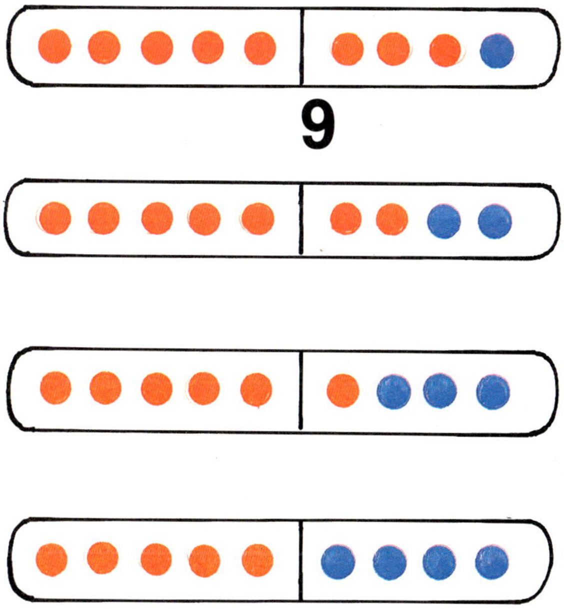

9

Wir können +Aufgaben bis 9 lösen.

Erzähle, was geschieht.

1

6 + 3 = ☐

2

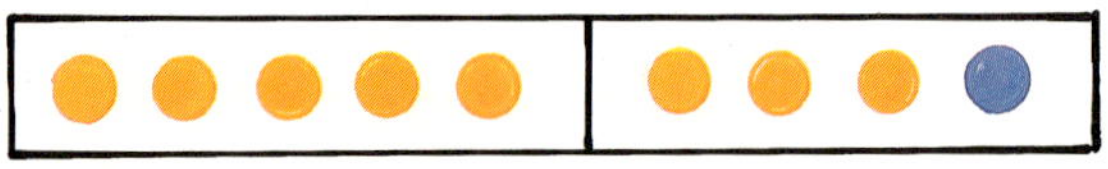

8 + 1 = ☐

1 + 8 = ☐

3

7 + 2 = ☐

2 + 7 = ☐

4

6 + 3 = ☐

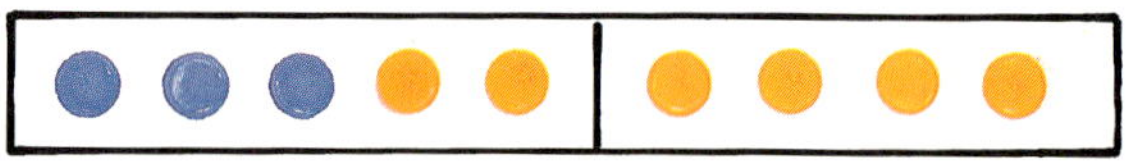

3 + 6 = ☐

5

5 + 4 = ☐

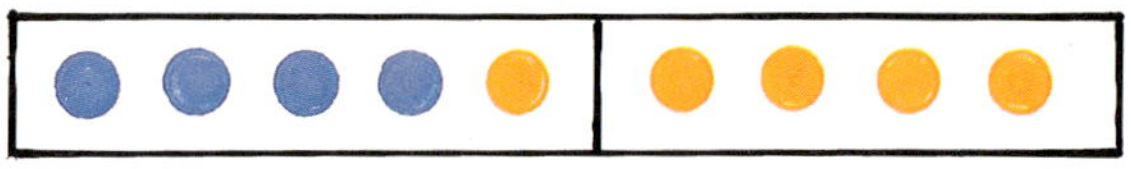

4 + 5 = ☐

6

1 + 8 = ☐	2 + 7 = ☐	1 + 8 = ☐	3 + 6 = ☐	1 + 6 = ☐	4 + 5 = ☐
2 + 7 = ☐	3 + 5 = ☐	2 + 7 = ☐	2 + 5 = ☐	3 + 6 = ☐	3 + 6 = ☐
1 + 8 = ☐	2 + 7 = ☐	2 + 6 = ☐	3 + 6 = ☐	1 + 8 = ☐	4 + 5 = ☐
2 + 7 = ☐	1 + 8 = ☐	2 + 7 = ☐	2 + 7 = ☐	3 + 6 = ☐	2 + 6 = ☐
1 + 8 = ☐	2 + 7 = ☐	3 + 6 = ☐	3 + 6 = ☐	2 + 4 = ☐	4 + 5 = ☐

7

5 + 4 = ☐	6 + 3 = ☐	7 + 2 = ☐	1 + 6 = ☐	8 + 1 = ☐	2 + 3 = ☐
3 + 6 = ☐	1 + 6 = ☐	5 + 2 = ☐	7 + 2 = ☐	5 + 3 = ☐	3 + 3 = ☐
5 + 4 = ☐	6 + 3 = ☐	7 + 2 = ☐	3 + 4 = ☐	8 + 1 = ☐	4 + 3 = ☐
2 + 3 = ☐	5 + 4 = ☐	6 + 3 = ☐	8 + 1 = ☐	2 + 7 = ☐	5 + 3 = ☐
5 + 4 = ☐	6 + 3 = ☐	7 + 2 = ☐	7 + 2 = ☐	8 + 1 = ☐	6 + 3 = ☐

8

3 + 3 + 3 = ☐	2 + 2 + 2 = ☐	6 + 1 + 1 = ☐	2 + 4 + 3 = ☐	2 + 5 + 2 = ☐
4 + 4 + 1 = ☐	3 + 4 + 2 = ☐	1 + 7 + 1 = ☐	1 + 3 + 4 = ☐	5 + 1 + 3 = ☐

Wir können −Aufgaben bis 9 lösen.

Erzähle, was geschieht.

1

9 − 2 = □

2

9 − 8 = □

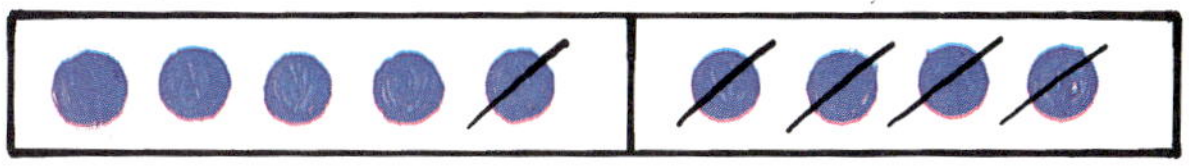

9 − 5 = □

3

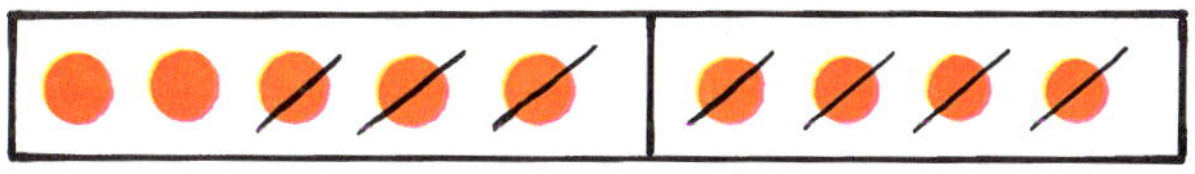

9 − 7 = □

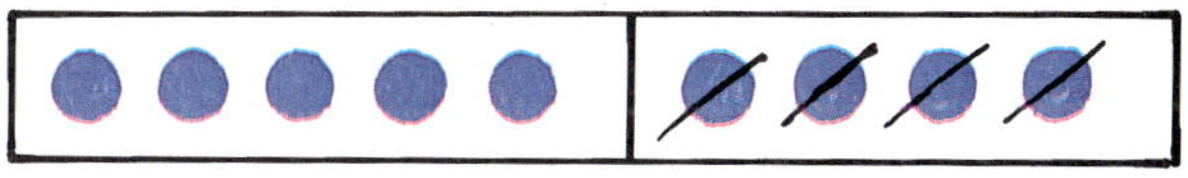

9 − 4 = □

4

9 − 6 = □

9 − 3 = □

5

9 − 8 = □	8 − 1 = □	9 − 7 = □	9 − 6 = □	9 − 7 = □	9 − 5 = □
9 − 9 = □	9 − 8 = □	8 − 8 = □	9 − 7 = □	9 − 6 = □	9 − 6 = □
9 − 8 = □	9 − 7 = □	9 − 7 = □	9 − 6 = □	9 − 8 = □	9 − 5 = □
8 − 4 = □	9 − 8 = □	9 − 8 = □	9 − 8 = □	9 − 6 = □	9 − 6 = □
9 − 8 = □	9 − 9 = □	9 − 7 = □	9 − 6 = □	9 − 9 = □	9 − 5 = □

6

9 − 6 = □	9 − 4 = □	9 − 3 = □	9 − 2 = □	9 − 1 = □	9 − 1 = □
9 − 5 = □	9 − 5 = □	9 − 4 = □	9 − 3 = □	8 − 6 = □	9 − 2 = □
9 − 7 = □	9 − 4 = □	9 − 3 = □	9 − 2 = □	9 − 1 = □	9 − 3 = □
9 − 5 = □	9 − 5 = □	9 − 4 = □	9 − 3 = □	9 − 7 = □	9 − 4 = □
9 − 8 = □	9 − 4 = □	9 − 3 = □	9 − 2 = □	9 − 1 = □	9 − 6 = □

7

9 − 1 − 1 = □	6 − 1 − 4 = □	9 − 8 − 1 = □	7 − 2 − 1 = □	9 − 4 − 2 = □
8 − 2 − 4 = □	9 − 4 − 1 = □	9 − 3 − 3 = □	9 − 3 − 4 = □	9 − 3 − 5 = □

8

9 − 4 = □	2 + 6 = □	9 − 7 = □	3 + 4 = □	9 − 2 = □
3 + 6 = □	9 − 8 = □	2 + 5 = □	9 − 9 = □	4 + 5 = □
9 − 3 = □	1 + 8 = □	9 − 5 = □	2 + 7 = □	9 − 1 = □

Wir können Zerlegaufgaben bis 9 lösen.

Erzähle, was geschieht.

1

9 = 4 + □

2

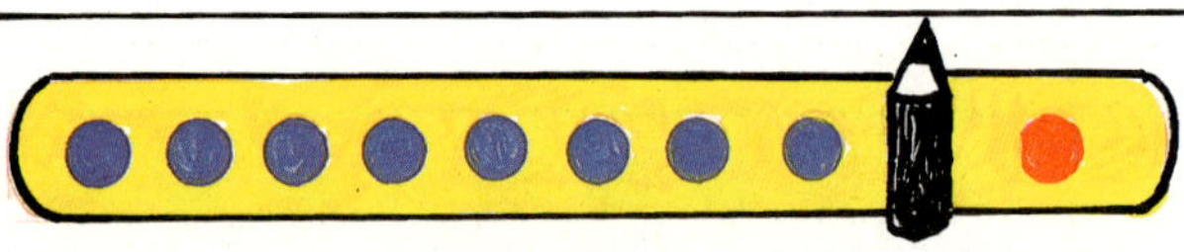

9 = 8 + □

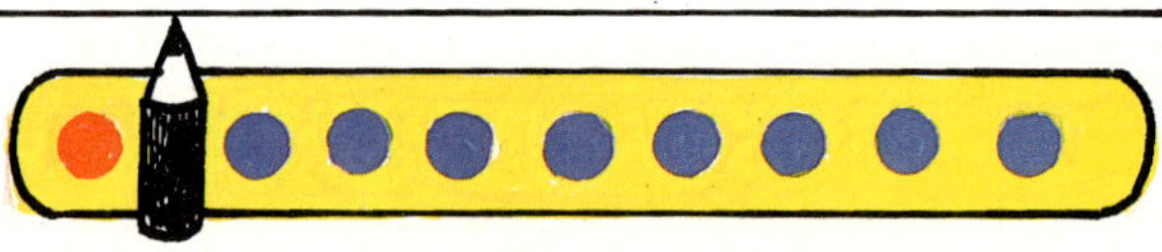

9 = 1 + □

3

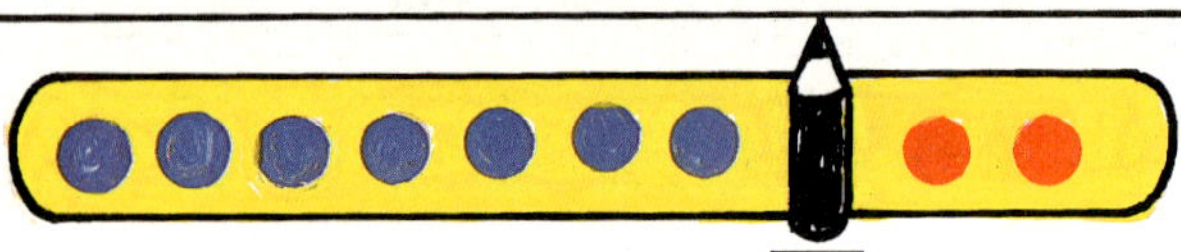

9 = 7 + □

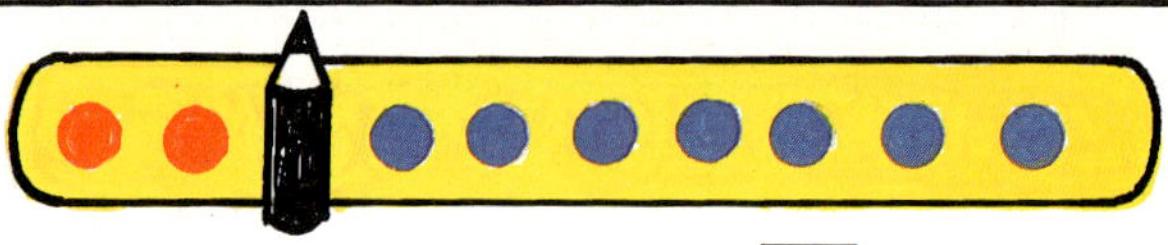

9 = 2 + □

4

9 = 6 + □

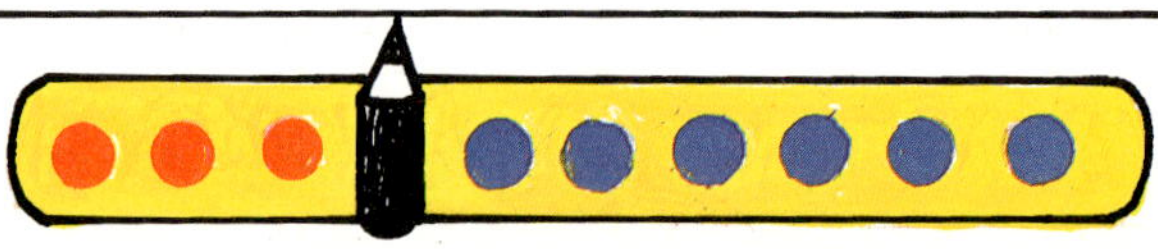

9 = 3 + □

5

9 = 5 + □

9 = 4 + □

6

9 = 1 + □	9 = 2 + □	9 = 3 + □	9 = 2 + □	9 = 4 + □	9 = 4 + □
8 = 1 + □	9 = 1 + □	9 = 2 + □	9 = 3 + □	9 = 3 + □	9 = 3 + □
9 = 1 + □	9 = 2 + □	9 = 3 + □	7 = 1 + □	9 = 4 + □	9 = 2 + □
9 = 2 + □	9 = 1 + □	9 = 1 + □	9 = 2 + □	9 = 3 + □	8 = 1 + □
9 = 1 + □	9 = 2 + □	9 = 3 + □	9 = 3 + □	9 = 9 + □	9 = 4 + □

7 Die Tante verteilt 8 Bonbons. Stefan erhält 4.
Wieviel erhält Gabi? Gabi erhält □ Bonbons.

8

9 = 5 + □	9 = 6 + □	9 = 7 + □	9 = 6 + □	9 = 8 + □	9 = 8 + □
9 = 4 + □	9 = 5 + □	7 = 2 + □	9 = 7 + □	9 = 7 + □	9 = 7 + □
9 = 5 + □	9 = 6 + □	9 = 7 + □	9 = 8 + □	9 = 8 + □	9 = 6 + □
9 = 3 + □	9 = 5 + □	9 = 6 + □	9 = 7 + □	9 = 6 + □	9 = 5 + □
9 = 5 + □	9 = 6 + □	9 = 7 + □	9 = 8 + □	9 = 8 + □	9 = 4 + □

Wir können Ergänzungsaufgaben bis 9 lösen.

Erzähle, was geschieht.

1

8 + □ = 9

2

8 + □ = 9

1 + □ = 9

3

7 + □ = 9

2 + □ = 9

4

6 + □ = 9

3 + □ = 9

5

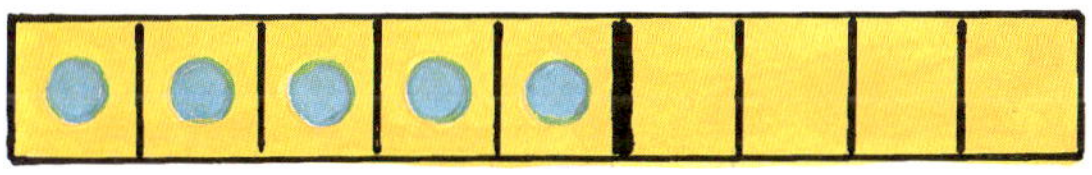

5 + □ = 9

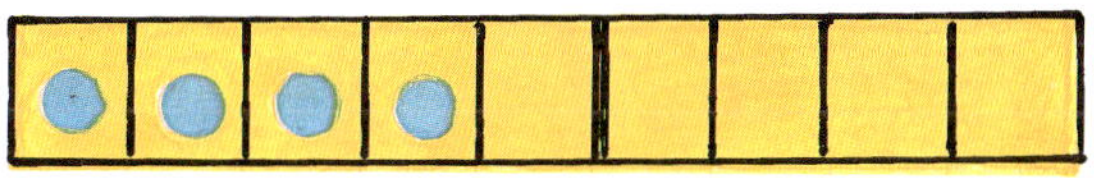

4 + □ = 9

6 Udo hat 7 Kegel aufgestellt. Wie viele muß er noch aufstellen?
Udo muß noch □ Kegel aufstellen.

7

1 + □ = 9	2 + □ = 8	1 + □ = 9	3 + □ = 9	4 + □ = 9	2 + □ = 9
2 + □ = 9	1 + □ = 9	2 + □ = 9	2 + □ = 9	3 + □ = 9	4 + □ = 9
1 + □ = 9	2 + □ = 9	1 + □ = 7	3 + □ = 9	4 + □ = 9	3 + □ = 9
2 + □ = 9	3 + □ = 9	3 + □ = 9	2 + □ = 9	3 + □ = 9	4 + □ = 9
1 + □ = 9	2 + □ = 9	2 + □ = 9	3 + □ = 9	4 + □ = 9	3 + □ = 9

8

5 + □ = 9	6 + □ = 9	5 + □ = 9	7 + □ = 9	8 + □ = 9	8 + □ = 9
4 + □ = 9	5 + □ = 8	6 + □ = 9	6 + □ = 9	7 + □ = 9	7 + □ = 9
5 + □ = 9	6 + □ = 9	5 + □ = 9	7 + □ = 9	8 + □ = 9	6 + □ = 9
4 + □ = 9	4 + □ = 9	7 + □ = 9	8 + □ = 9	7 + □ = 9	5 + □ = 9
5 + □ = 9	6 + □ = 9	6 + □ = 9	7 + □ = 9	8 + □ = 9	4 + □ = 9

Wir kennen die Menge und die Zahl 10.

1 Zähle die Plättchen. Lege und male sie.
Schreibe dazu, wie viele es sind.

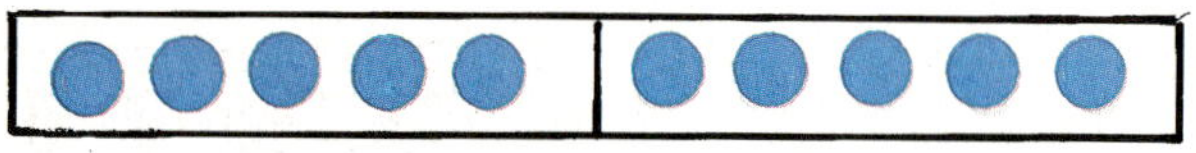

10

So kannst du den Zehner schneller malen:

2 ______________________

Wir kennen die Reihenfolge der Zahlen bis 10.

3 Lege und male die Mengen. Sage die Zahlenreihe auswendig her.
Welche Zahl steht hinter 9? Welche Zahlen sind größer als 5,
welche sind kleiner als 5?

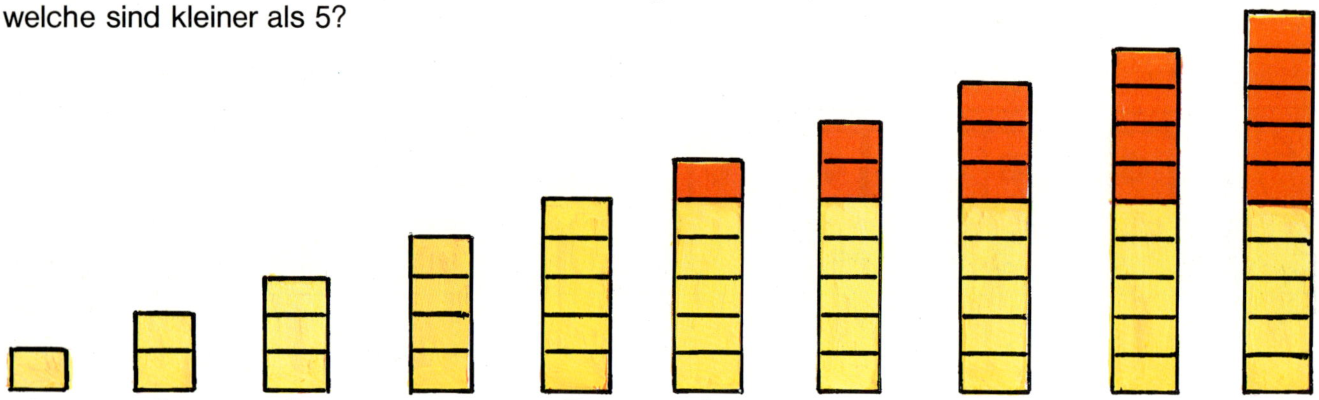

1 2 3 4 5 6 7 8 9 10

Wir können 10 Dinge numerieren.

4 Lies die Nummern vor. Welche fehlt? Zeige den 10. Stuhl.
Male 10 Stühle und numeriere sie. Wo sitzen Kinder?

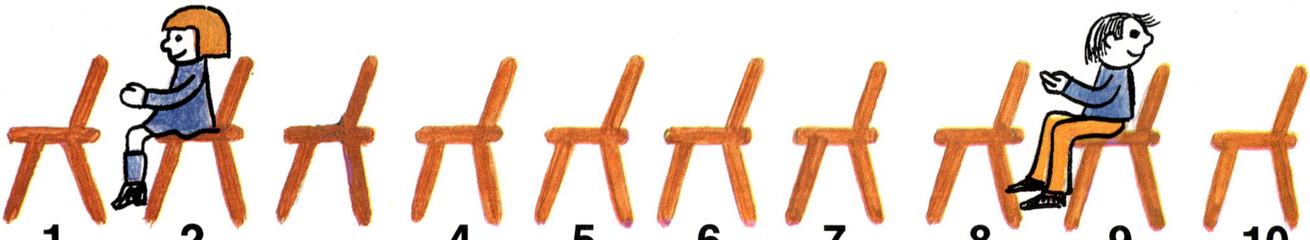

1. 2. 4. 5. 6. 7. 8. 9. 10.

Wir wissen, was uns die Zeichen > < sagen.

Wir sprechen: 2 ist kleiner als 3, 4 ist größer als 3.

5

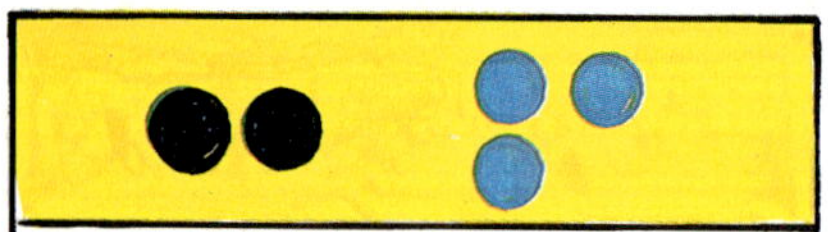

2 < 3

4 > 3

Merke dir: Die Spitze zeigt immer zur kleineren Menge.
Schreibe die Zahlen ab und setze die richtigen Zeichen dazwischen.

6	1 < 2	4 5	5 6	7 6	8 9
7	8 7	5 7	2 8	10 8	9 10

Wir können verschieden angeordnete Zehnermengen nachlegen.

Lege 10 Plättchen genauso. Kannst du sie noch anders legen?

1

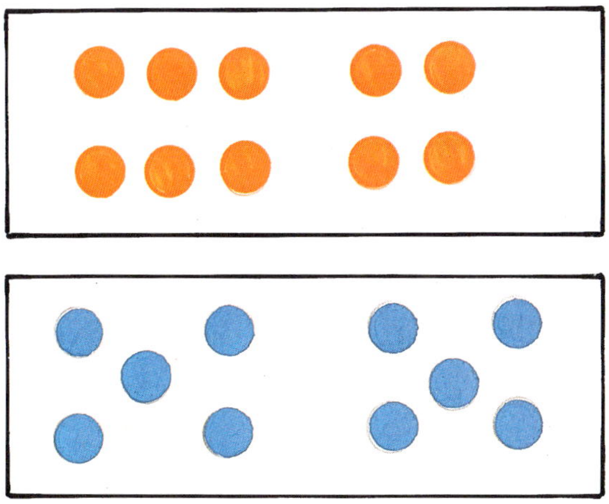

2

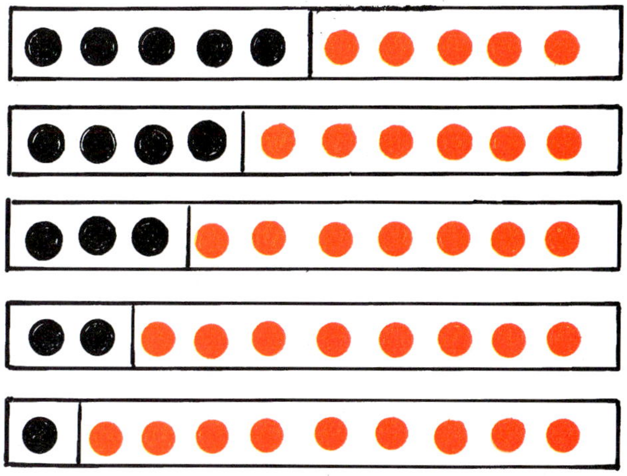

Wir wissen, wie groß die Hälfte von 8 und von 10 ist.

Lege mit Plättchen und halbiere.

3

4

Wir wissen, wie groß das Doppelte von 4 und 5 ist.

Lege die Plättchen und verdopple.

5

6 Schreibe die Sätze ab und füge die richtigen Zahlen ein.

Die Hälfte von 2 ist ☐.
Die Hälfte von 4 ist ☐.
Die Hälfte von 6 ist ☐.
Die Hälfte von 8 ist ☐.
Die Hälfte von 10 ist ☐.

7

Das Doppelte von 1 ist ☐.
Das Doppelte von 2 ist ☐.
Das Doppelte von 3 ist ☐.
Das Doppelte von 4 ist ☐.
Das Doppelte von 5 ist ☐.

Wir kennen das Zehnpfennigstück.

Was ist auf beiden Seiten des Zehnpfennigstückes zu sehen?

1

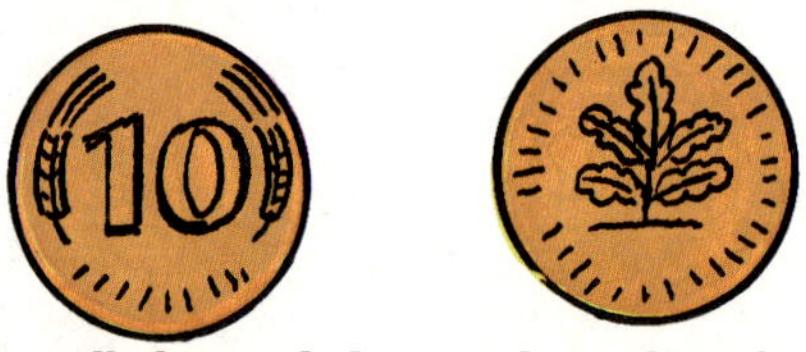

Wir wissen, daß ein Zehnpfennigstück soviel wert ist wie 10 Pfennige, wie 2 Fünfpfennigstücke, wie 5 Zweipfennigstücke.

Wir spielen Geldwechseln.

2

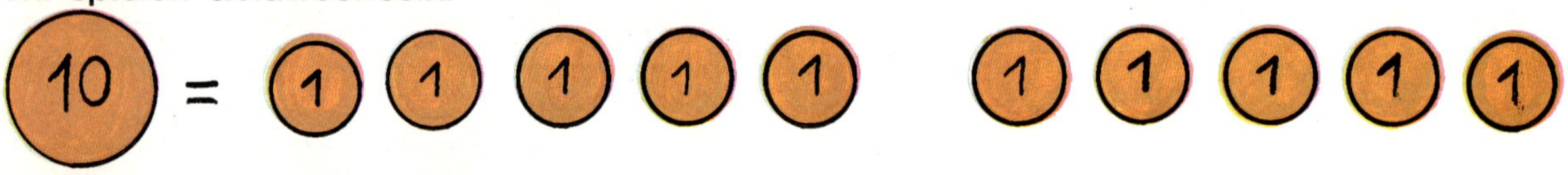

3

4

Wir können bei Geldbeträgen bis zu 10 Pfennigen sagen, wieviel es ist.

Lege und male das Geld. Schreibe dazu, wieviel es ist.

5

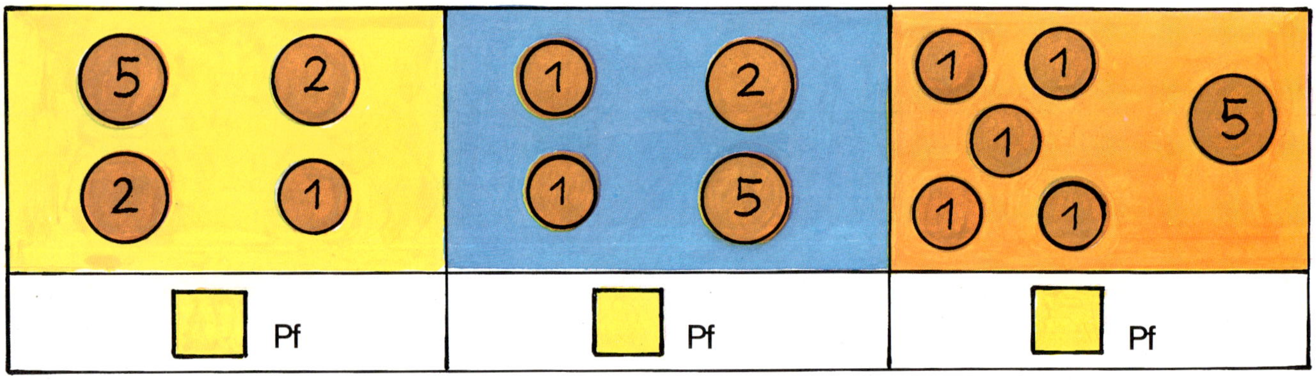

Wir können in Zahlen angegebene Geldbeträge bis zu 10 Pfennigen legen und malen.

Lege und male das Geld. Welche Münzen müssen es sein?

6

3 Pf	4 Pf	5 Pf	6 Pf	7 Pf	8 Pf	9 Pf	10 Pf

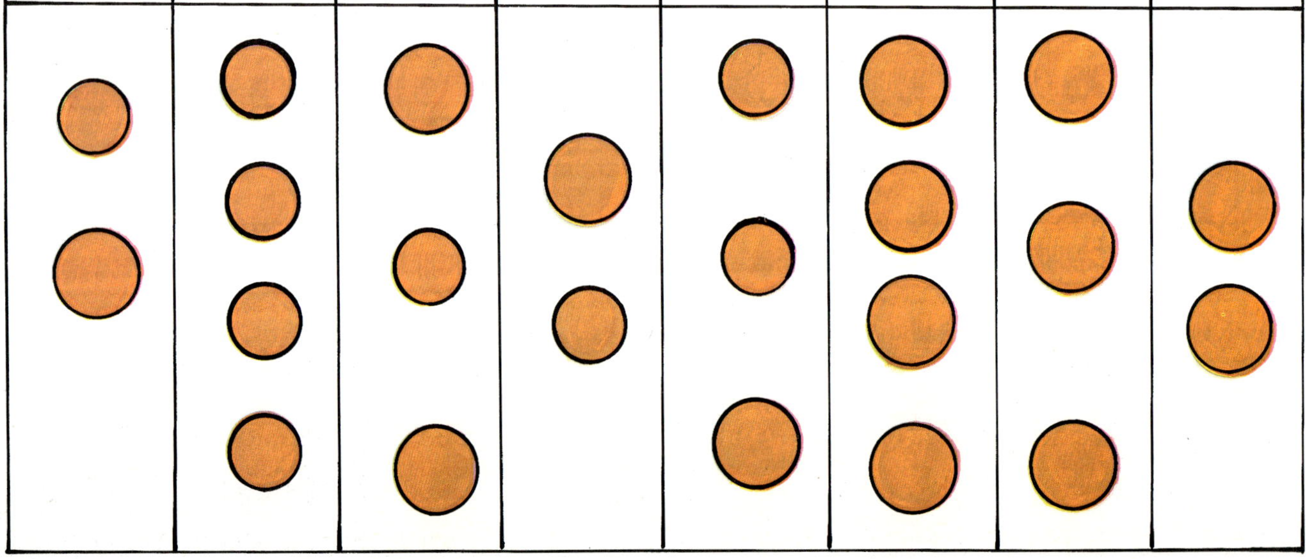

Wir können +Aufgaben bis 10 lösen.

Erzähle, was geschieht.

1

5 + 5 = □

2

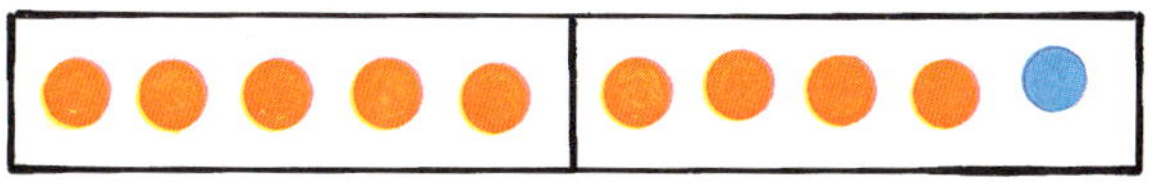

9 + 1 = □

1 + 9 = □

3

8 + 2 = □

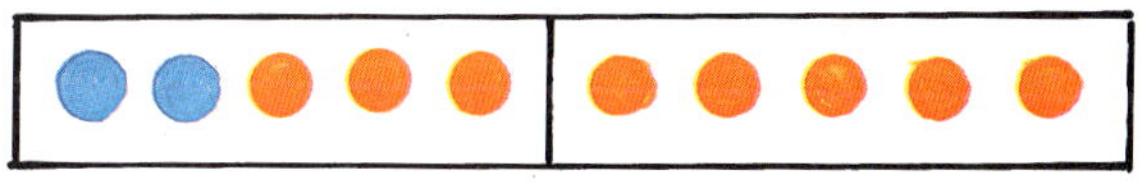

2 + 8 = □

4

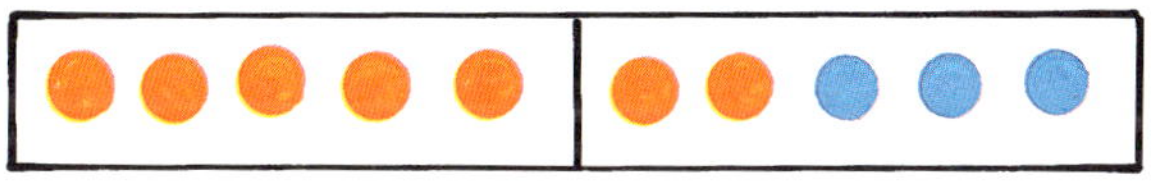

7 + 3 = □

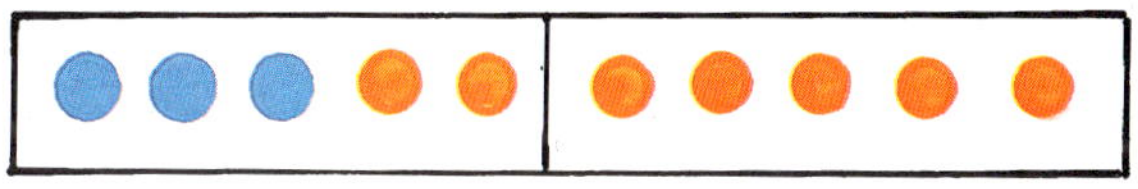

3 + 7 = □

5

6 + 4 = □

4 + 6 = □

6

1 + 9 = □	2 + 6 = □	3 + 4 = □	3 + 7 = □	2 + 6 = □	4 + 6 = □
2 + 7 = □	1 + 9 = □	2 + 8 = □	1 + 8 = □	4 + 6 = □	2 + 5 = □
1 + 9 = □	2 + 8 = □	1 + 8 = □	3 + 7 = □	3 + 6 = □	4 + 6 = □
2 + 8 = □	3 + 6 = □	3 + 7 = □	2 + 7 = □	4 + 6 = □	3 + 7 = □
1 + 9 = □	2 + 8 = □	2 + 8 = □	3 + 7 = □	3 + 7 = □	4 + 6 = □

7

4 + 4 = □	5 + 3 = □	6 + 4 = □	7 + 3 = □	8 + 2 = □	9 + 1 = □
5 + 5 = □	6 + 4 = □	6 + 3 = □	7 + 2 = □	3 + 5 = □	2 + 4 = □
4 + 6 = □	5 + 4 = □	6 + 4 = □	7 + 3 = □	8 + 2 = □	9 + 1 = □
5 + 4 = □	6 + 4 = □	7 + 3 = □	7 + 1 = □	9 + 1 = □	8 + 2 = □
5 + 5 = □	5 + 5 = □	6 + 4 = □	7 + 3 = □	8 + 2 = □	9 + 1 = □

8

4 Pf + 6 Pf = □ Pf	2 Pf + 7 Pf = □ Pf	3 Pf + 7 Pf = □ Pf
4 Pf + 5 Pf = □ Pf	2 Pf + 8 Pf = □ Pf	3 Pf + 6 Pf = □ Pf

Wir können —Aufgaben bis 10 lösen.
Erzähle, was geschieht.

1

10 — 1 = ☐

2

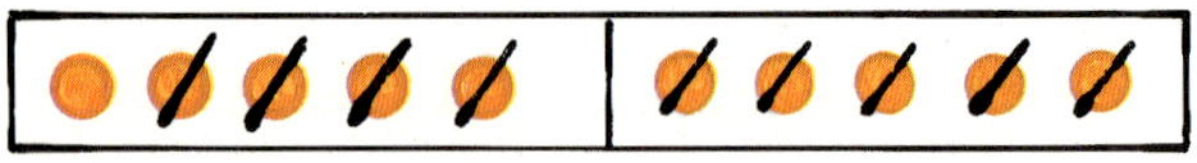

10 — 9 = ☐

10 — 5 = ☐

3

10 — 8 = ☐

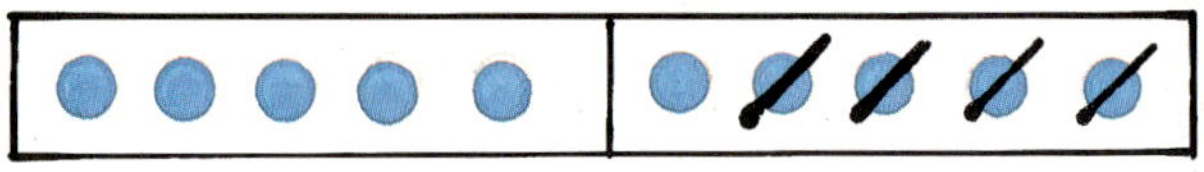

10 — 4 = ☐

4

10 — 7 = ☐

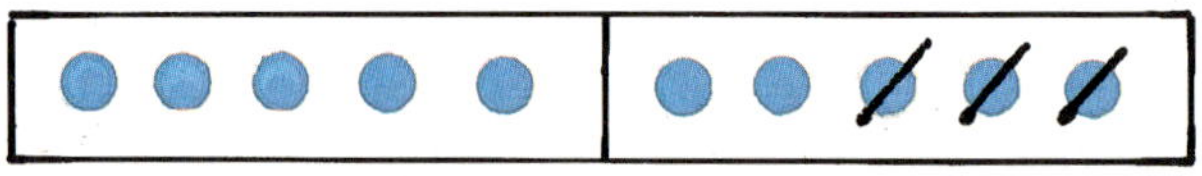

10 — 3 = ☐

5

10 — 6 = ☐

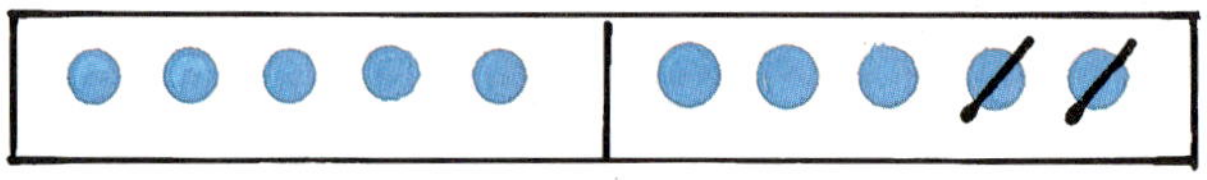

10 — 2 = ☐

6

10 — 10 = ☐	10 — 7 = ☐	10 — 9 = ☐	10 — 7 = ☐	10 — 6 = ☐	10 — 5 = ☐
10 — 9 = ☐	10 — 9 = ☐	10 — 8 = ☐	10 — 9 = ☐	10 — 7 = ☐	10 — 6 = ☐
10 — 8 = ☐	10 — 8 = ☐	10 — 7 = ☐	10 — 7 = ☐	10 — 6 = ☐	10 — 5 = ☐
10 — 9 = ☐	10 — 9 = ☐	10 — 8 = ☐	10 — 9 = ☐	10 — 8 = ☐	10 — 6 = ☐
10 — 8 = ☐	10 — 8 = ☐	10 — 0 = ☐	10 — 7 = ☐	10 — 6 = ☐	10 — 5 = ☐

7

9 — 7 = ☐	10 — 4 = ☐	10 — 3 = ☐	10 — 2 = ☐	10 — 1 = ☐	10 — 5 = ☐
10 — 4 = ☐	10 — 10 = ☐	10 — 4 = ☐	10 — 3 = ☐	10 — 2 = ☐	10 — 6 = ☐
10 — 5 = ☐	10 — 4 = ☐	10 — 3 = ☐	10 — 2 = ☐	10 — 1 = ☐	10 — 7 = ☐
10 — 4 = ☐	10 — 6 = ☐	10 — 4 = ☐	10 — 9 = ☐	10 — 2 = ☐	10 — 8 = ☐
10 — 5 = ☐	10 — 5 = ☐	10 — 3 = ☐	10 — 2 = ☐	10 — 1 = ☐	10 — 9 = ☐

8 In der Schachtel sind 10 Eier. Die Mutter nimmt 3 heraus. Wieviel sind noch in der Schachtel?
In der Schachtel sind noch ☐ Eier.

Wir können Zerlegaufgaben bis 10 lösen.
Erzähle, was geschieht.

1

10 = 5 + □

2

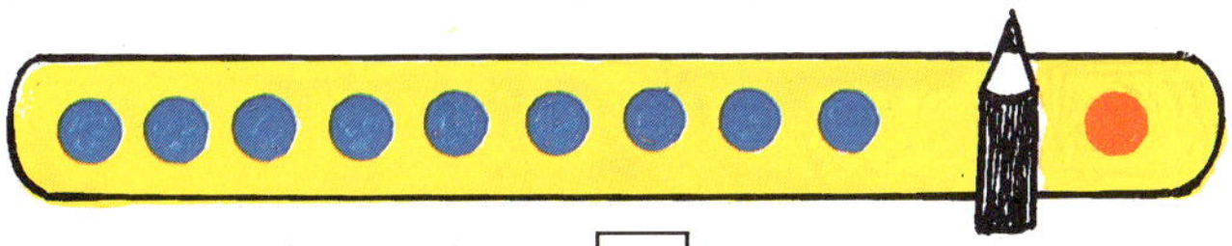

10 = 9 + □

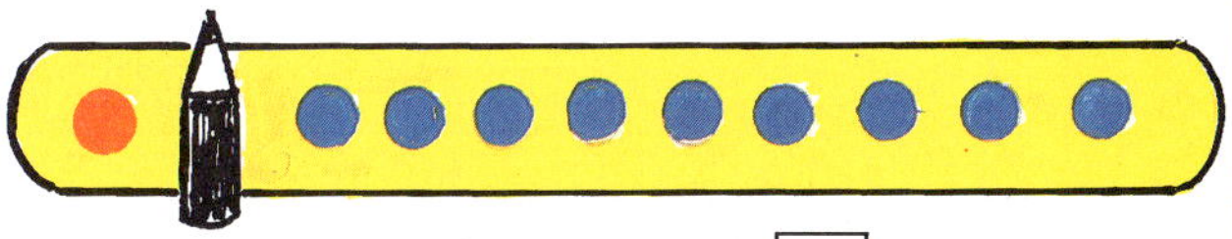

10 = 1 + □

3

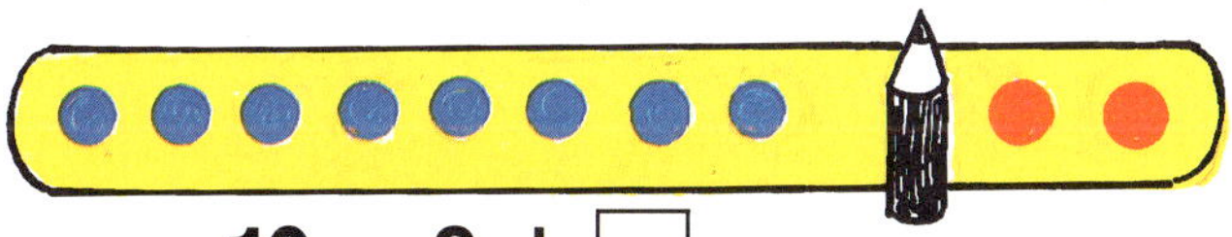

10 = 8 + □

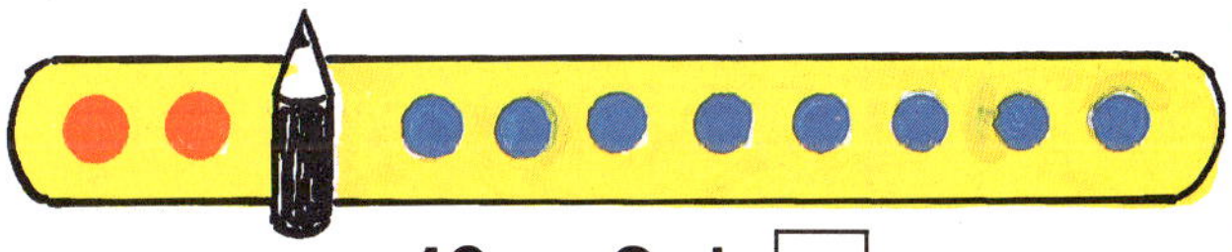

10 = 2 + □

4

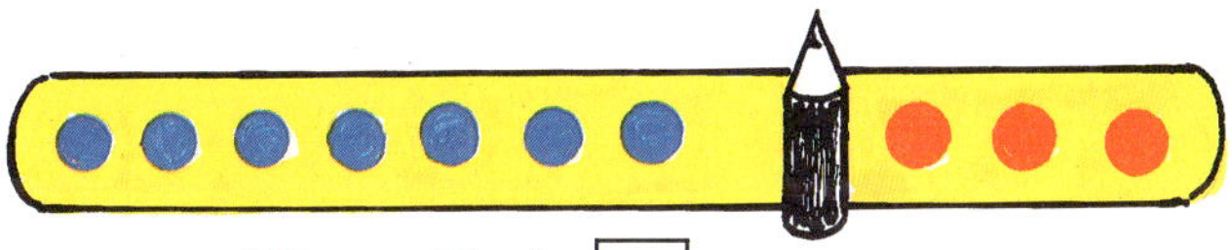

10 = 7 + □

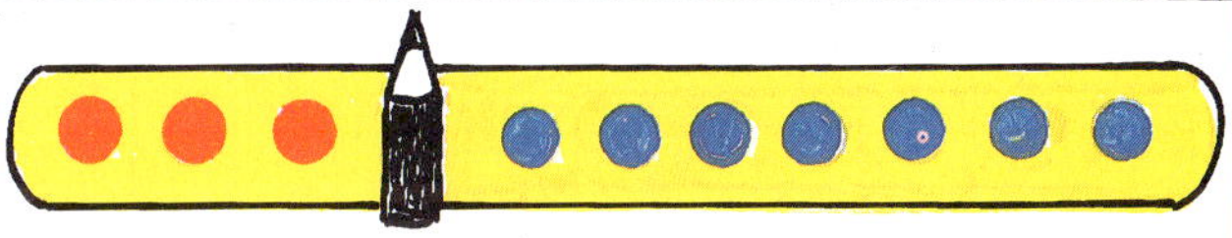

10 = 3 + □

5

10 = 6 + □

10 = 4 + □

6

10 = 1 + □	10 = 2 + □	10 = 3 + □	10 = 1 + □	10 = 4 + □	10 = 1 + □
10 = 2 + □	9 = 3 + □	10 = 2 + □	8 = 5 + □	10 = 3 + □	10 = 2 + □
10 = 1 + □	10 = 2 + □	10 = 3 + □	10 = 3 + □	10 = 4 + □	10 = 3 + □
10 = 2 + □	10 = 1 + □	10 = 1 + □	10 = 2 + □	10 = 2 + □	10 = 4 + □
10 = 1 + □	10 = 2 + □	10 = 3 + □	10 = 3 + □	10 = 4 + □	10 = 5 + □

7

10 = 5 + □	10 = 6 + □	10 = 7 + □	10 = 8 + □	10 = 9 + □	10 = 5 + □
10 = 4 + □	10 = 5 + □	10 = 6 + □	7 = 2 + □	10 = 8 + □	10 = 6 + □
10 = 5 + □	10 = 6 + □	10 = 7 + □	10 = 9 + □	10 = 9 + □	10 = 7 + □
10 = 4 + □	10 = 5 + □	10 = 6 + □	10 = 6 + □	10 = 8 + □	10 = 8 + □
10 = 5 + □	10 = 6 + □	10 = 7 + □	10 = 8 + □	10 = 9 + □	10 = 9 + □

8

10 Pf = 1 Pf + □ Pf	10 Pf = 3 Pf + □ Pf	10 Pf = 6 Pf + □ Pf
10 Pf = 2 Pf + □ Pf	10 Pf = 4 Pf + □ Pf	10 Pf = 7 Pf + □ Pf

Wir können Ergänzungsaufgaben bis 10 lösen.

Erzähle, was geschieht.

1

5 + □ = 10

2

9 + □ = 10

1 + □ = 10

3

8 + □ = 10

2 + □ = 10

4

7 + □ = 10

3 + □ = 10

5

6 + □ = 10

4 + □ = 10

6 Peter hat 10 Autos. 3 sind rot. Wieviel sind blau?

□ Autos sind blau.

7

1 + □ = 10	2 + □ = 10	3 + □ = 10	1 + □ = 10	4 + □ = 10	3 + □ = 10
2 + □ = 10	1 + □ = 10	2 + □ = 8	3 + □ = 9	3 + □ = 10	4 + □ = 10
1 + □ = 10	2 + □ = 10	3 + □ = 10	2 + □ = 10	2 + □ = 10	2 + □ = 10
2 + □ = 10	3 + □ = 10	2 + □ = 10	3 + □ = 10	4 + □ = 10	4 + □ = 10
1 + □ = 10	2 + □ = 10	3 + □ = 10	1 + □ = 10	4 + □ = 10	3 + □ = 10

8

5 + □ = 10	4 + □ = 10	6 + □ = 10	7 + □ = 10	8 + □ = 10	9 + □ = 10
4 + □ = 10	5 + □ = 10	5 + □ = 10	6 + □ = 10	9 + □ = 10	8 + □ = 10
5 + □ = 10	3 + □ = 10	6 + □ = 10	7 + □ = 10	8 + □ = 10	9 + □ = 10
4 + □ = 10	4 + □ = 10	5 + □ = 10	8 + □ = 10	7 + □ = 10	7 + □ = 10
5 + □ = 10	5 + □ = 10	6 + □ = 10	7 + □ = 10	8 + □ = 10	9 + □ = 10

Wir wissen, daß 5 mal 2 zehn sind, daß 2 mal 5 auch zehn sind.

1 Der Geburtstagstisch wird für 5 Kinder gedeckt. Wieviel Teller bringt die Mutter? Jedes Kind soll 2 Negerküsse bekommen. Wie viele muß die Mutter verteilen?

Wir sprechen:
Für 5 Kinder braucht die Mutter 5 mal 2 Negerküsse.
Das sind 10 Negerküsse.

Lege Zweier- und Fünferstreifen genauso.
Wie viele Zweierstreifen sind es? Wie viele Fünferstreifen sind es?

2

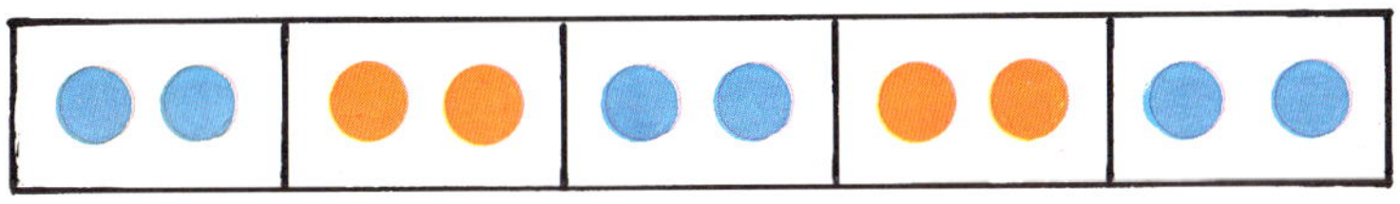

2 + 2 + 2 + 2 + 2 = 10 **5 mal 2 = 10**

3

5 + 5 = 10 **2 mal 5 = 10**

4

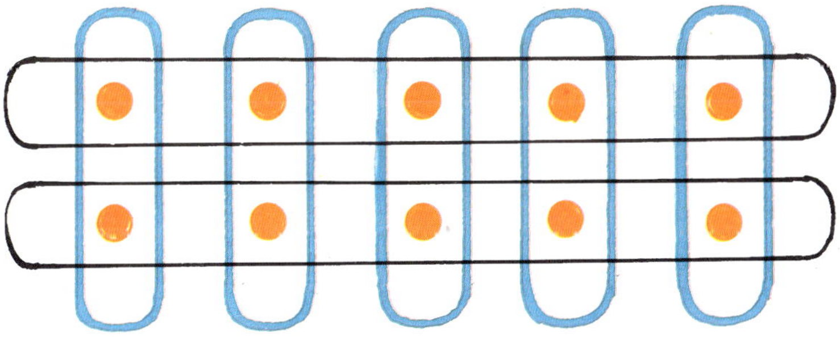

5 · 2 = 2 · 5

Wir wissen, daß der Punkt mal heißt.

5 Schreibe die Rechnungen auf. Statt mal kannst du einen Punkt schreiben.

5 mal 2 = 10 **2 mal 5 = 10**
5 · 2 = 10 **2 · 5 = 10**

Wir verwechseln das +Zeichen und ·Zeichen nicht.

6 Was ist bei den Rechnungen gleich, was ist verschieden?
Schreibe sie ab und lerne sie auswendig.

5 + 2 = 7 5 · 2 = 10	2 + 5 = 7 2 · 5 = 10

Wir kennen die Menge und die Zahl 11.

1 Zähle die Plättchen. Lege und male sie. Schreibe dazu, wie viele es sind.

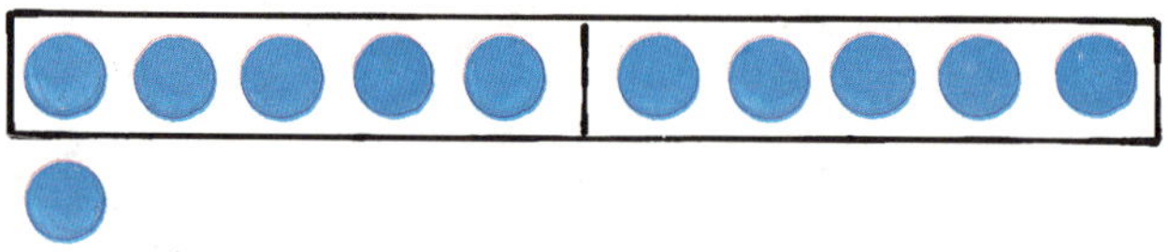

11

2 So kannst du die Menge 11 schneller malen:

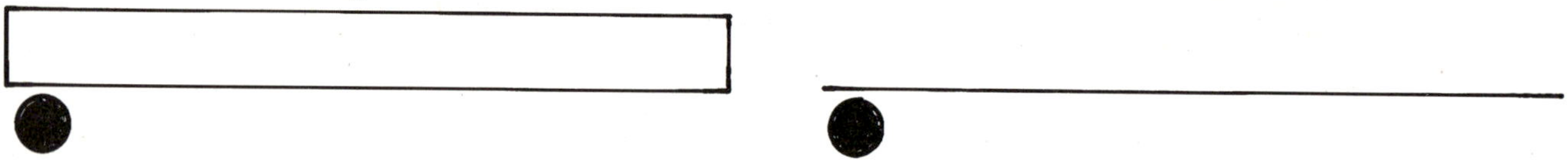

Wir kennen die Reihenfolge der Zahlen bis 11.

3 Lege und male genauso. Welche Zahl steht hinter 10?
Nenne 3 Zahlen, die größer als 8 sind und 3 Zahlen, die kleiner als 8 sind.

6 7 8 9 10 11

Wir können 11 Dinge numerieren.

4 Lies die Nummern vor. Welche fehlt? Zeige den 11. Wagen.
Der wievielte Wagen ist ein Bus?

Wir können fehlende Zahlen einsetzen.
Male die Kästchen ab. Trage die fehlenden Zahlen ein.

5

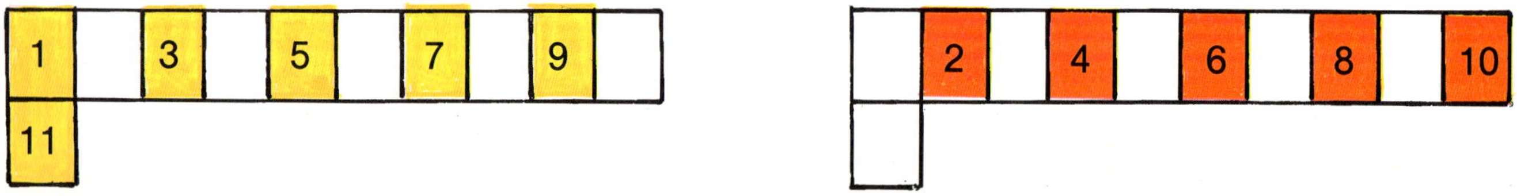

6

Wir können die Zeichen > < richtig einsetzen.

Male die Früchte. Schreibe darunter, wie viele es sind.

1

Lege und male die Plättchen. Schreibe darunter, wie viele es sind.
Setze die richtigen Zeichen dazwischen.

2

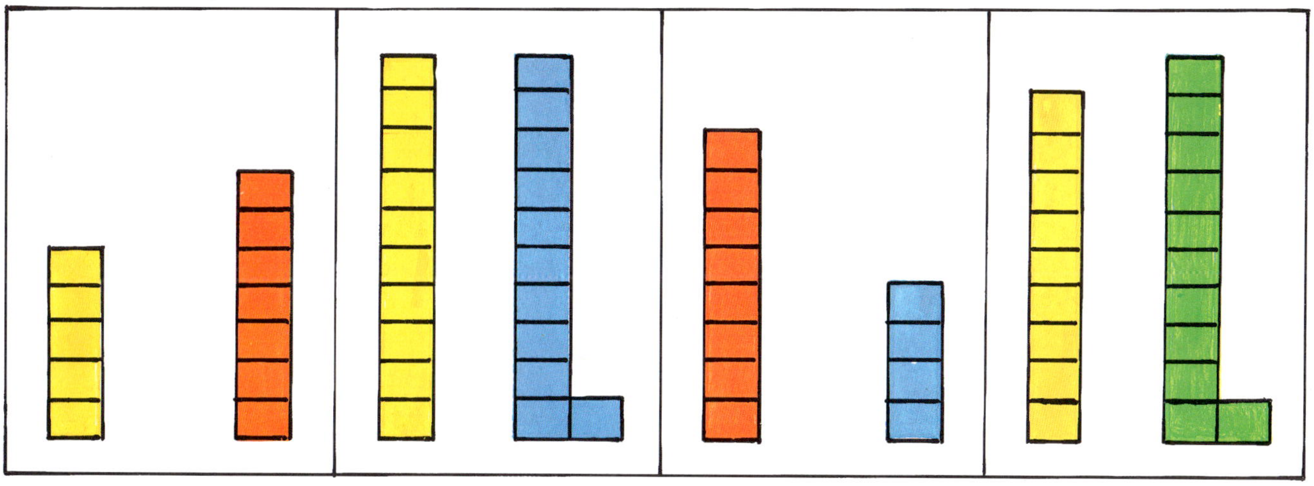

Schreibe die Zahlen ab und setze die richtigen Zeichen dazwischen.

3	5	3	6	7	10	7	7	8	7	4
4	8	9	11	8	9	10	11	7	10	11

Wir können verschieden angeordnete Elfermengen nachlegen.
Lege 11 Plättchen genauso. Kannst du sie noch anders legen?

5

6

7

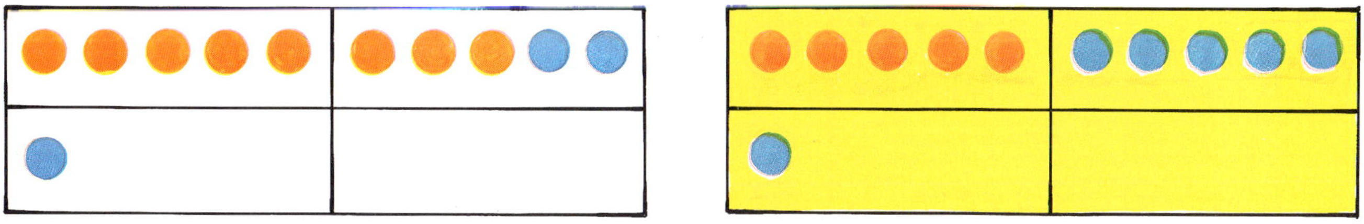

Wir können +Aufgaben bis 11 lösen.

Wir spielen die Bildergeschichte. Welche Rechnung paßt dazu?

1

10 + 1 = ☐

1 + 10 = ☐

2

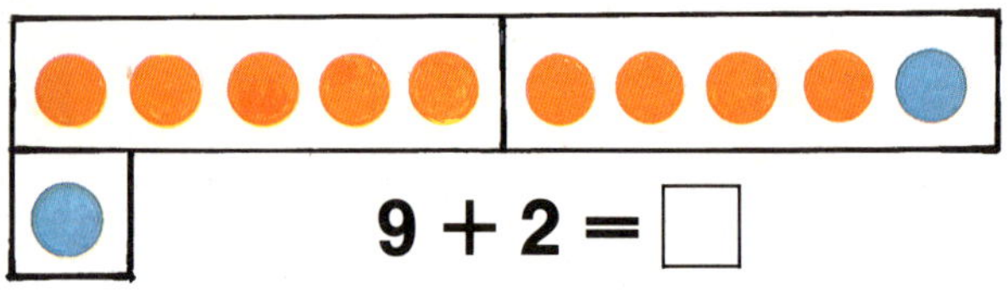

9 + 2 = ☐

2 + 9 = ☐

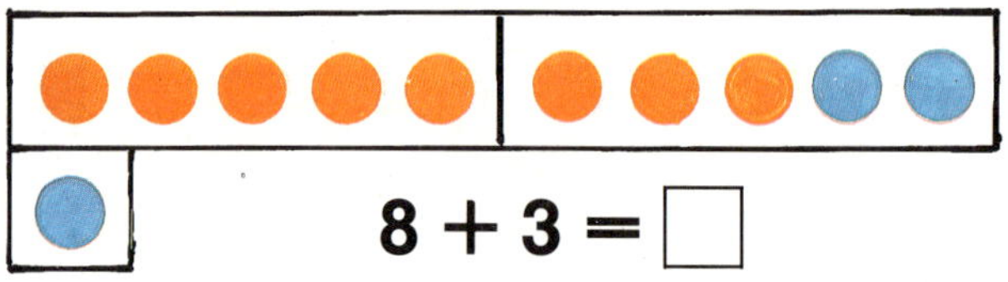

8 + 3 = ☐

3 + 8 = ☐

3

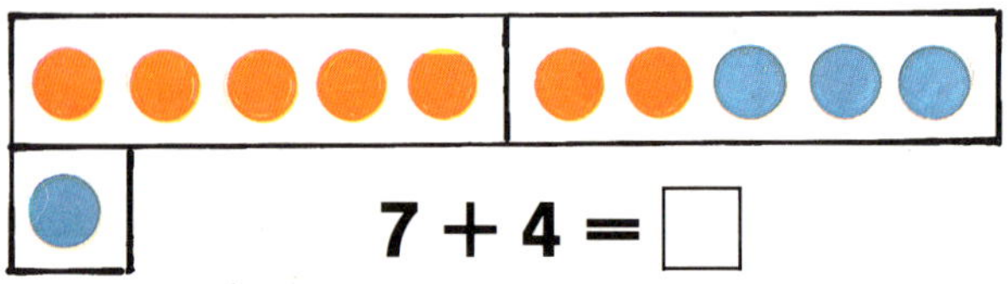

7 + 4 = ☐

4 + 7 = ☐

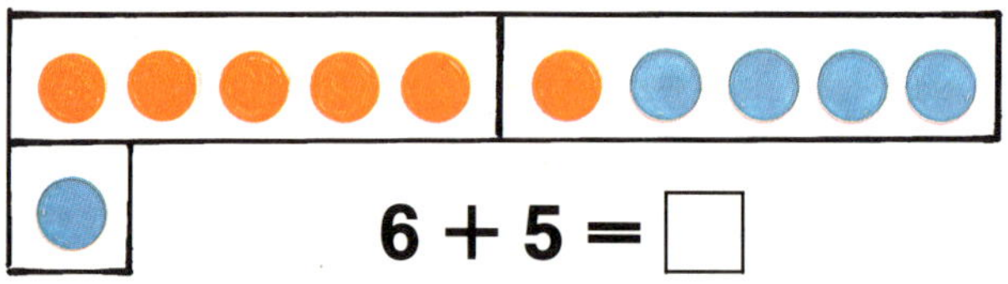

6 + 5 = ☐

5 + 6 = ☐

4

9 + 1 = ☐	8 + 1 = ☐	1 + 9 = ☐	3 + 7 = ☐	5 + 5 = ☐
9 + 1 + 1 = ☐	9 + 1 = ☐	1 + 9 + 1 = ☐	3 + 7 + 1 = ☐	5 + 5 + 1 = ☐
9 + 2 = ☐	10 + 1 = ☐	1 + 10 = ☐	3 + 8 = ☐	5 + 6 = ☐
8 + 2 = ☐	6 + 4 = ☐	2 + 8 = ☐	4 + 6 = ☐	7 + 3 = ☐
8 + 2 + 1 = ☐	6 + 4 + 1 = ☐	2 + 8 + 1 = ☐	4 + 6 + 1 = ☐	7 + 3 + 1 = ☐
8 + 3 = ☐	6 + 5 = ☐	2 + 9 = ☐	4 + 7 = ☐	7 + 4 = ☐

5

3 + 7 = ☐	5 + 5 = ☐	9 + 1 = ☐	3 + 7 = ☐	2 + 7 = ☐	4 + 6 = ☐
3 + 8 = ☐	5 + 6 = ☐	9 + 2 = ☐	3 + 8 = ☐	3 + 7 = ☐	5 + 6 = ☐
4 + 6 = ☐	7 + 3 = ☐	10 + 1 = ☐	2 + 8 = ☐	4 + 7 = ☐	7 + 3 = ☐
4 + 7 = ☐	7 + 4 = ☐	9 + 2 = ☐	2 + 9 = ☐	1 + 8 = ☐	7 + 4 = ☐
5 + 5 = ☐	8 + 2 = ☐	6 + 4 = ☐	1 + 9 = ☐	2 + 8 = ☐	2 + 9 = ☐
5 + 6 = ☐	8 + 3 = ☐	6 + 5 = ☐	1 + 10 = ☐	3 + 8 = ☐	2 + 8 = ☐

6

5 + 5 = ☐	4 + 6 = ☐	7 + 4 = ☐	1 + 9 = ☐	3 + 6 = ☐	10 + 1 = ☐
9 + 2 = ☐	8 + 3 = ☐	4 + 7 = ☐	6 + 5 = ☐	3 + 7 = ☐	1 + 10 = ☐
2 + 9 = ☐	3 + 8 = ☐	3 + 7 = ☐	5 + 6 = ☐	3 + 8 = ☐	2 + 8 = ☐

Wir können —Aufgaben bis 11 lösen.

Erzähle, was geschieht.

1

11 − 2 = □

2

11 − 3 = □

11 − 7 = □

3

11 − 4 = □

11 − 8 = □

4

11 − 5 = □

11 − 9 = □

5

11 − 6 = □

11 − 10 = □

6

11 − 1 = □	11 − 1 = □	11 − 1 = □	11 − 1 = □	11 − 1 = □
11 − 1 − 9 = □	11 − 1 − 7 = □	11 − 1 − 5 = □	11 − 1 − 4 = □	11 − 1 − 2 = □
11 − 10 = □	11 − 8 = □	11 − 6 = □	11 − 5 = □	11 − 3 = □
11 − 1 = □	11 − 1 = □	11 − 1 = □	11 − 1 = □	11 − 1 = □
11 − 1 − 8 = □	11 − 1 − 6 = □	11 − 1 − 4 = □	11 − 1 − 3 = □	11 − 1 − 1 = □
11 − 4 = □	11 − 7 = □	11 − 5 = □	11 − 4 = □	11 − 2 = □

7

11 − 10 = □	11 − 7 = □	11 − 5 = □	11 − 6 = □	11 − 1 = □	11 − 6 = □
11 − 9 = □	11 − 6 = □	11 − 3 = □	11 − 1 = □	11 − 2 = □	11 − 7 = □
11 − 10 = □	11 − 7 = □	11 − 4 = □	11 − 2 = □	11 − 4 = □	11 − 8 = □
11 − 8 = □	11 − 6 = □	11 − 3 = □	11 − 3 = □	11 − 2 = □	11 − 9 = □
11 − 10 = □	11 − 5 = □	11 − 5 = □	11 − 4 = □	11 − 3 = □	11 − 10 = □
11 − 8 = □	11 − 6 = □	11 − 4 = □	11 − 5 = □	11 − 2 = □	11 − 11 = □

Wir können Zerlegaufgaben bis 11 lösen.

Erzähle, was geschieht.

1

11 = 10 + □

2

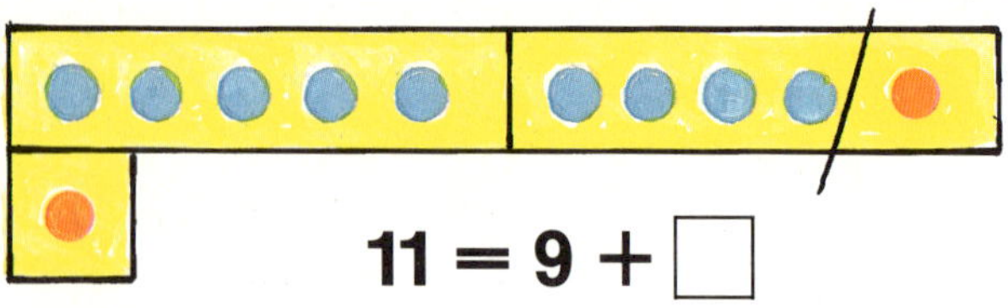

11 = 9 + □

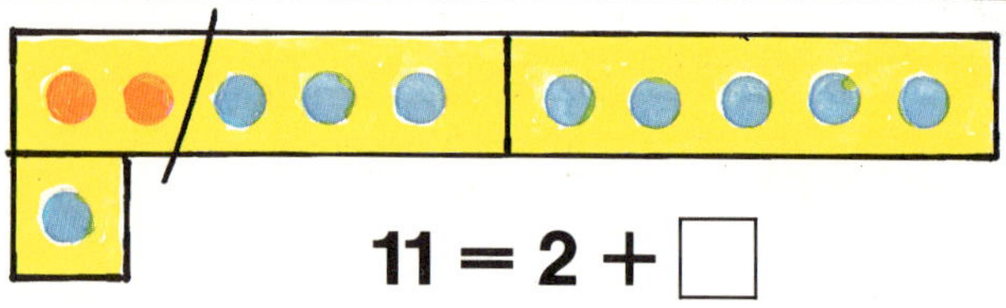

11 = 2 + □

3

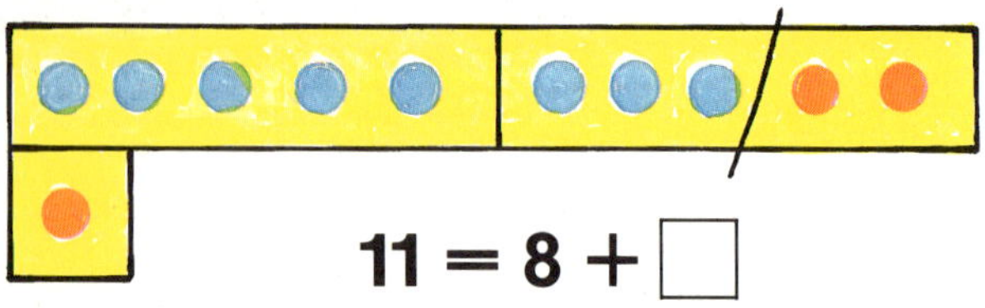

11 = 8 + □

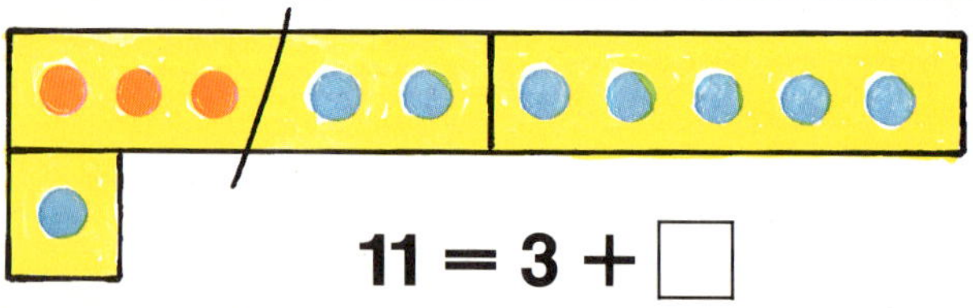

11 = 3 + □

4

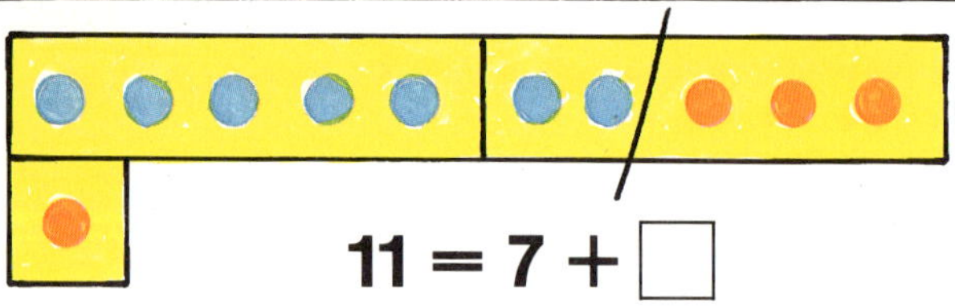

11 = 7 + □

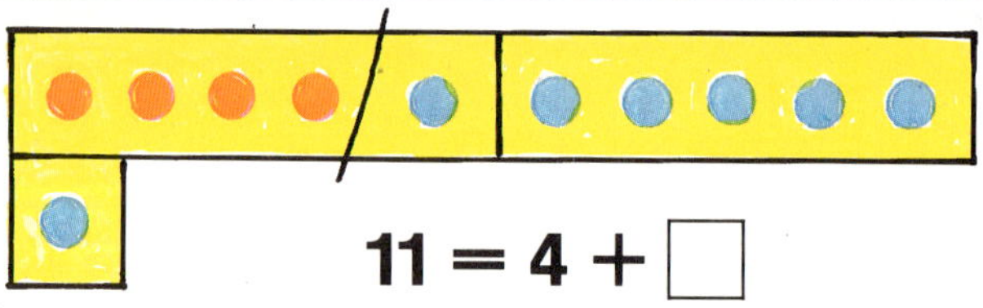

11 = 4 + □

5

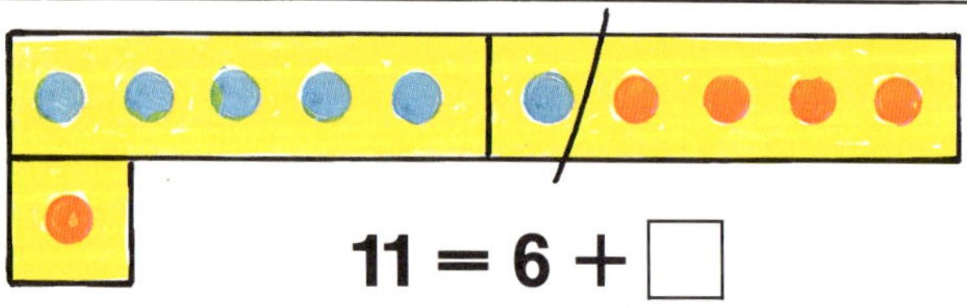

11 = 6 + □

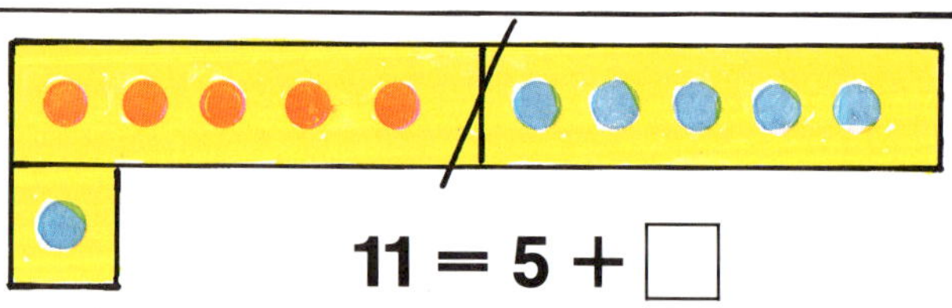

11 = 5 + □

6

11 = 1 + □	11 = 2 + □	11 = 3 + □	11 = 4 + □	11 = 6 + □	11 = 5 + □
11 = 2 + □	11 = 3 + □	11 = 1 + □	11 = 3 + □	11 = 4 + □	11 = 4 + □
11 = 3 + □	11 = 2 + □	11 = 2 + □	11 = 4 + □	11 = 3 + □	11 = 5 + □
11 = 1 + □	11 = 3 + □	11 = 3 + □	11 = 3 + □	11 = 5 + □	11 = 4 + □
11 = 2 + □	11 = 1 + □	11 = 2 + □	11 = 4 + □	11 = 4 + □	11 = 5 + □

7

11 = 6 + □	11 = 2 + □	11 = 7 + □	11 = 8 + □	11 = 9 + □	11 = 10 + □
11 = 5 + □	11 = 3 + □	11 = 6 + □	11 = 7 + □	11 = 8 + □	11 = 9 + □
11 = 6 + □	11 = 4 + □	11 = 7 + □	11 = 8 + □	11 = 9 + □	11 = 8 + □
11 = 4 + □	11 = 5 + □	11 = 6 + □	11 = 7 + □	11 = 8 + □	11 = 7 + □
11 = 6 + □	11 = 6 + □	11 = 7 + □	11 = 8 + □	11 = 9 + □	11 = 6 + □

Wir können Ergänzungsaufgaben bis 11 lösen.

Erzähle, was geschieht.

1

10 + □ = 11

2

9 + □ = 11

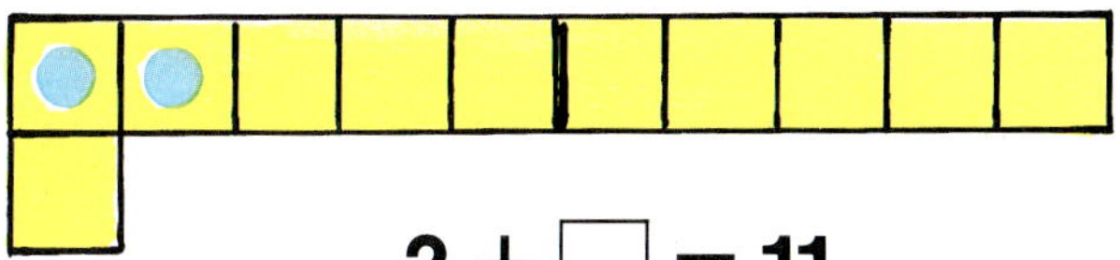

2 + □ = 11

3

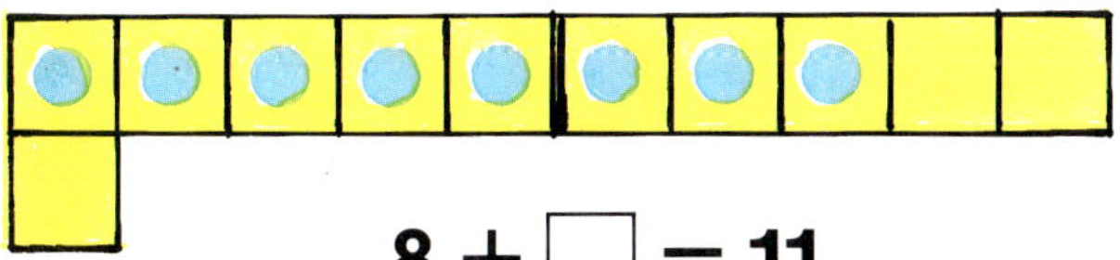

8 + □ = 11

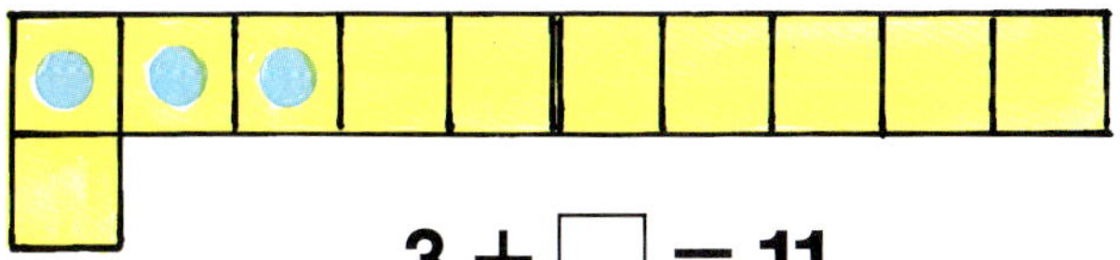

3 + □ = 11

4

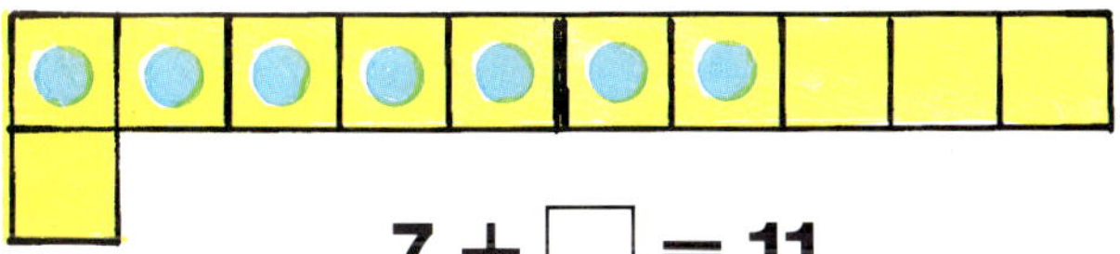

7 + □ = 11

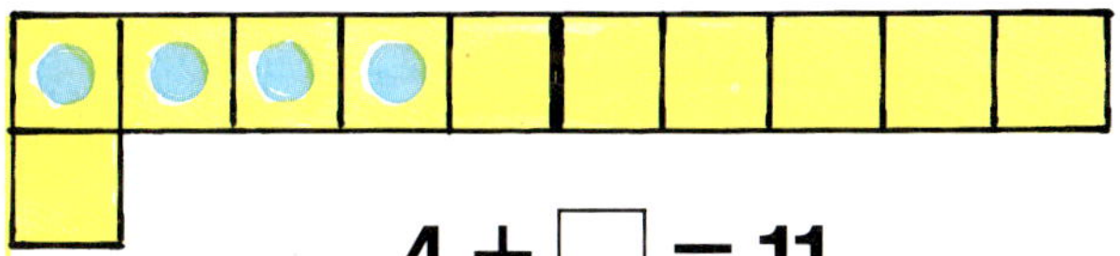

4 + □ = 11

5

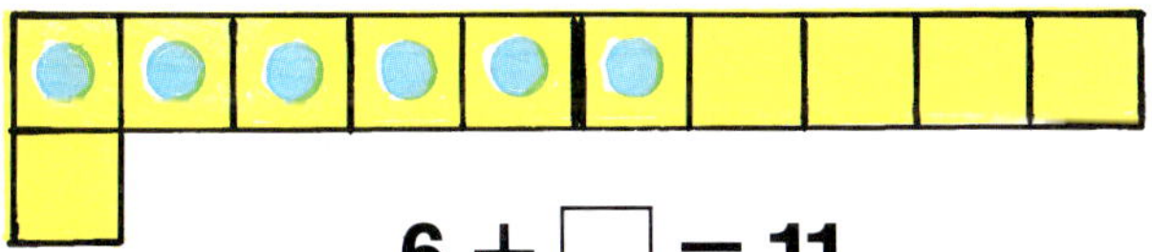

6 + □ = 11

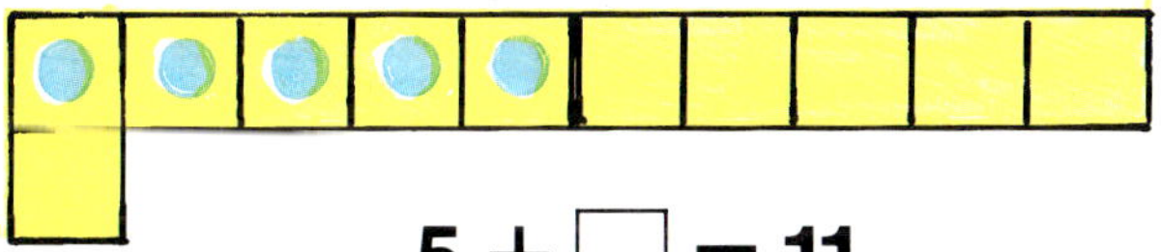

5 + □ = 11

6

2 + □ = 11	3 + □ = 11	1 + □ = 11	4 + □ = 11	5 + □ = 11	4 + □ = 11
1 + □ = 11	2 + □ = 11	2 + □ = 11	3 + □ = 11	4 + □ = 11	5 + □ = 11
2 + □ = 11	3 + □ = 11	3 + □ = 11	4 + □ = 11	5 + □ = 11	3 + □ = 11
1 + □ = 11	2 + □ = 11	2 + □ = 11	3 + □ = 11	3 + □ = 11	5 + □ = 11
2 + □ = 11	3 + □ = 11	1 + □ = 11	4 + □ = 11	5 + □ = 11	4 + □ = 11

7

6 + □ = 11	7 + □ = 11	7 + □ = 11	8 + □ = 11	9 + □ = 11	10 + □ = 11
5 + □ = 11	6 + □ = 11	6 + □ = 11	9 + □ = 11	8 + □ = 11	8 + □ = 11
6 + □ = 11	7 + □ = 11	5 + □ = 11	8 + □ = 11	9 + □ = 11	10 + □ = 11
7 + □ = 11	6 + □ = 11	6 + □ = 11	9 + □ = 11	7 + □ = 11	9 + □ = 11
6 + □ = 11	7 + □ = 11	7 + □ = 11	8 + □ = 11	9 + □ = 11	10 + □ = 11

Wir kennen die Menge und die Zahl 12.

1 Zähle die Plättchen. Lege und male sie. Schreibe dazu, wie viele es sind.

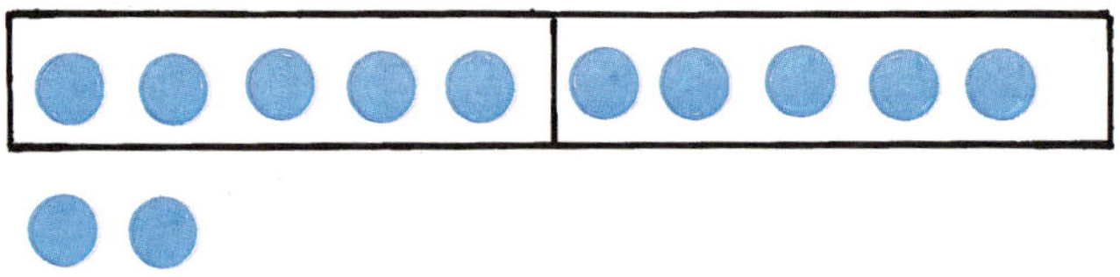

12

2 So kannst du die Menge 12 schneller malen:

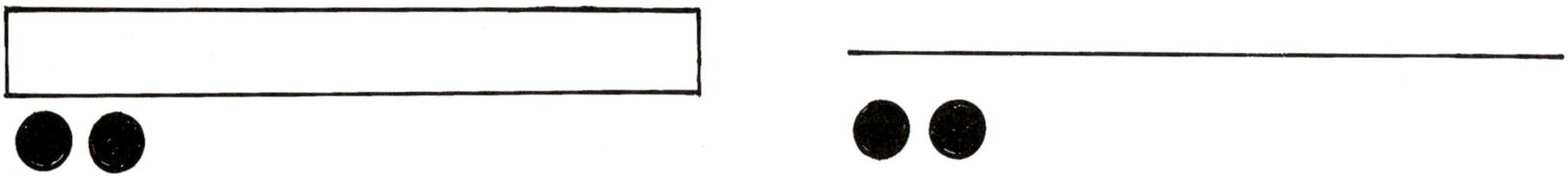

Wir kennen die Reihenfolge der Zahlen bis 12.

3 Lege und male genauso. Welche Zahl steht hinter 11?
Nenne 3 Zahlen, die größer sind als 9, und 3 Zahlen, die kleiner sind.

Wir können 12 Dinge numerieren.

4 Lies die Nummern vor. Welche fehlt? Zeige den 12. Wagen.
Der wievielte Wagen befördert das Gepäck?

5 Male die Kästchen ab. Trage die fehlenden Zahlen ein.

1						7	8	9	10
11	12								

1	2	3	4	5	6				

6

10		12

9		11

10	11	

	10	

	11	

Wir können die Zeichen > < richtig einsetzen.

1 Male die Bälle. Schreibe darunter, wie viele es sind.
Setze die richtigen Zeichen dazwischen.

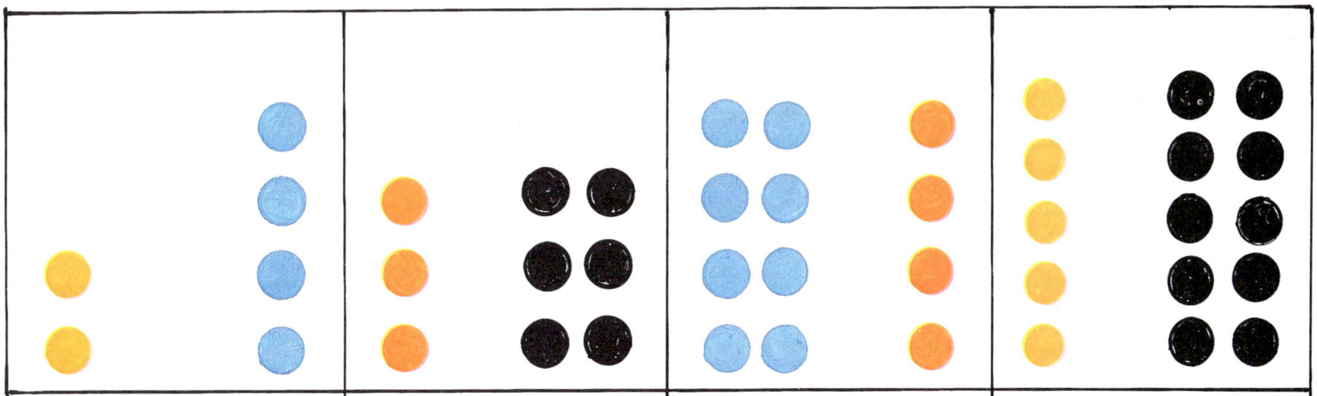

2 < 4			

2 Lege und male die Plättchen. Schreibe darunter, wie viele es sind.
Setze die richtigen Zeichen dazwischen.

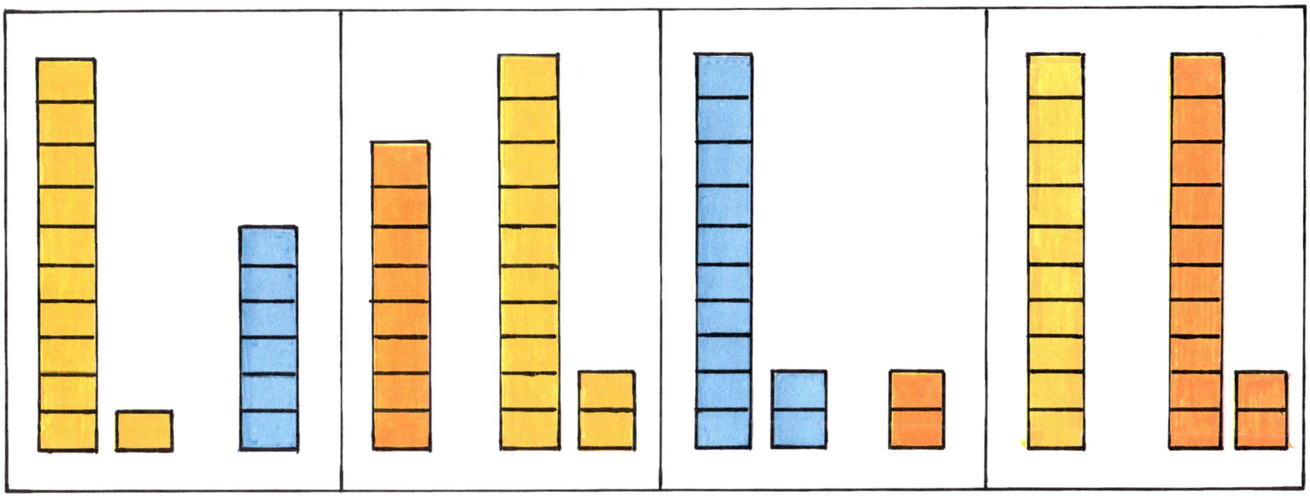

Schreibe die Zahlen ab. Setze die richtigen Zeichen dazwischen.

3	10 11	10 5	9 12	10 12	9 7
4	12 10	8 11	12 9	10 11	11 12

Wir wissen, wie groß die Hälfte von 12 ist.

5 Lege 12 Plättchen und halbiere.

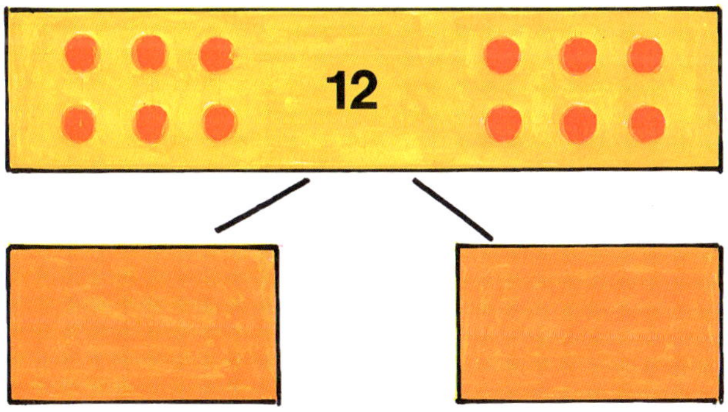

Wir wissen, wie groß das Doppelte von 6 ist.

Lege 6 Plättchen und verdoppele.

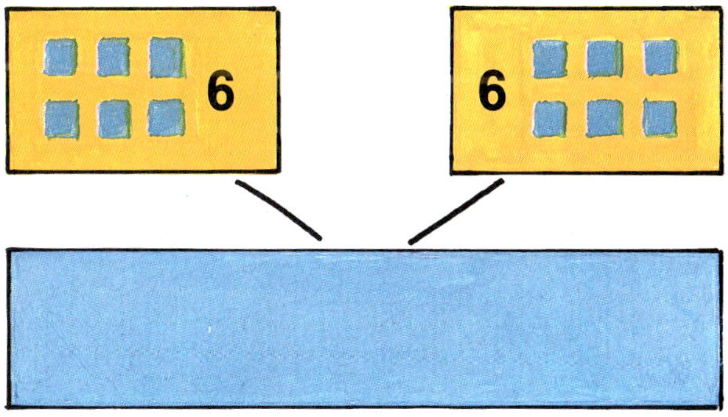

Wir können +Aufgaben bis 12 lösen.

Erzähle, was geschieht.?

1

6 + 6 = ☐

2

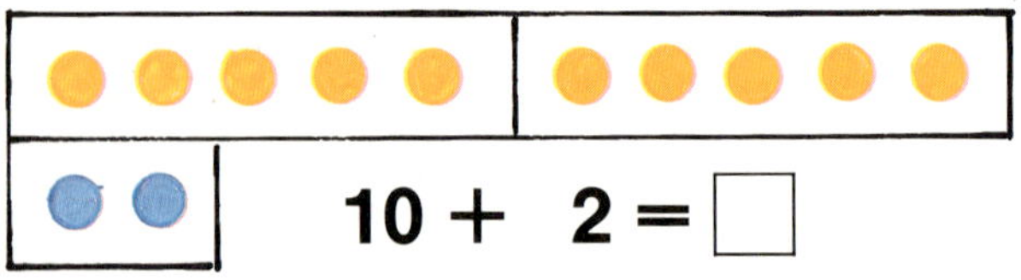

10 + 2 = ☐
2 + 10 = ☐

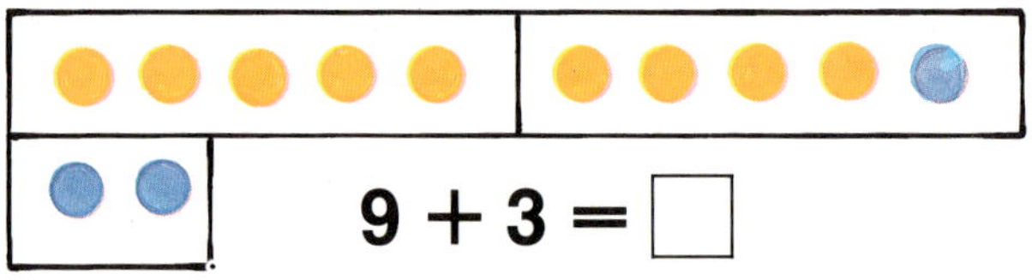

9 + 3 = ☐
3 + 9 = ☐

3

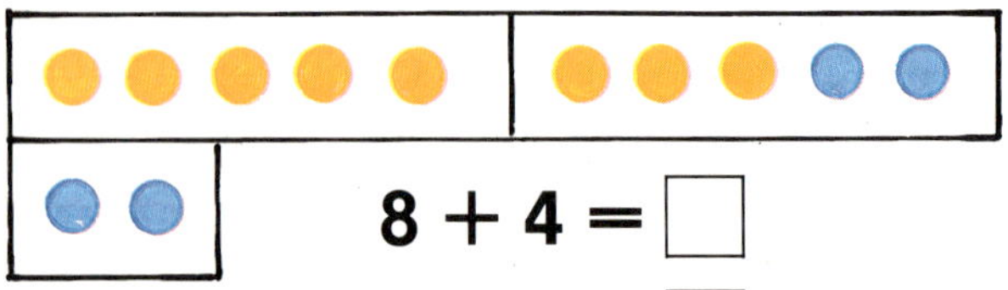

8 + 4 = ☐
4 + 8 = ☐

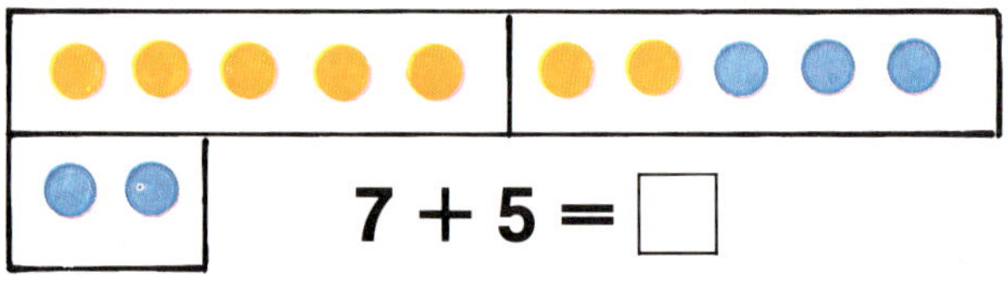

7 + 5 = ☐
5 + 7 = ☐

4

9 + 1 = ☐	7 + 3 = ☐	5 + 5 = ☐	3 + 7 = ☐	6 + 4 = ☐
9 + 1 + 2 = ☐	7 + 3 + 2 = ☐	5 + 5 + 2 = ☐	3 + 7 + 2 = ☐	6 + 4 + 2 = ☐
9 + 3 = ☐	7 + 5 = ☐	5 + 7 = ☐	3 + 9 = ☐	6 + 6 = ☐
8 + 2 = ☐	10 + 1 = ☐	4 + 6 = ☐	2 + 8 = ☐	7 + 3 = ☐
8 + 2 + 2 = ☐	2 + 10 = ☐	4 + 6 + 2 = ☐	2 + 8 + 2 = ☐	7 + 3 + 2 = ☐
8 + 4 = ☐	10 + 2 = ☐	4 + 8 = ☐	2 + 10 = ☐	7 + 5 = ☐

5

9 + 2 = ☐	7 + 3 = ☐	7 + 5 = ☐	5 + 5 = ☐	11 + 1 = ☐
8 + 2 = ☐	8 + 3 = ☐	7 + 4 = ☐	5 + 6 = ☐	3 + 8 = ☐
9 + 2 = ☐	8 + 2 = ☐	7 + 5 = ☐	5 + 7 = ☐	3 + 9 = ☐
8 + 3 = ☐	8 + 3 = ☐	6 + 5 = ☐	4 + 6 = ☐	2 + 8 = ☐

6

Rechne so:

4 + 1 =
4 + 2 =
4 + 3 =
4 + 4 =

Wir können —Aufgaben bis 12 lösen.

Erzähle, was geschieht.

1

12 − 2 = □

2

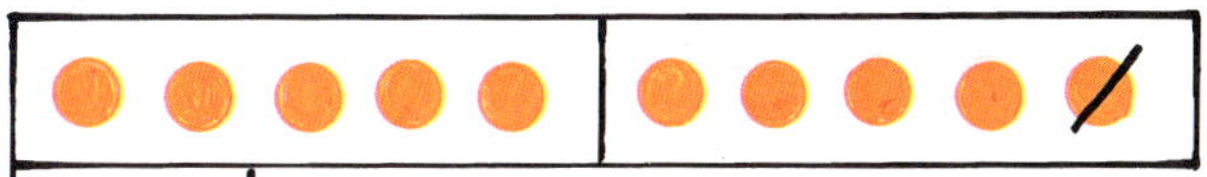

12 − 3 = □

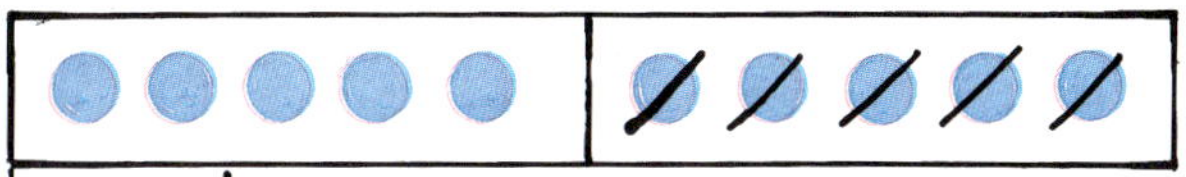
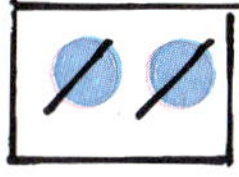

12 − 7 = □

3

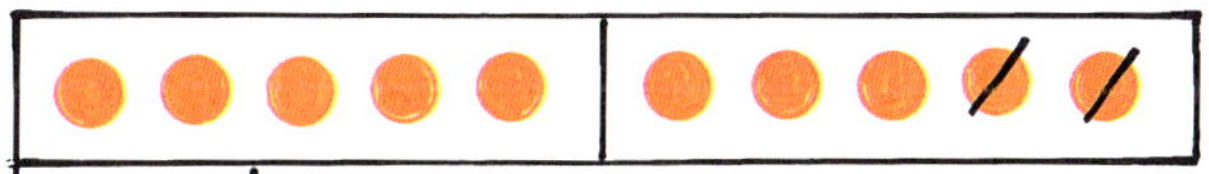
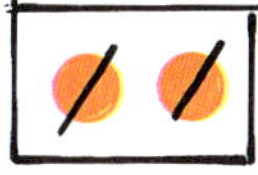

12 − 4 = □

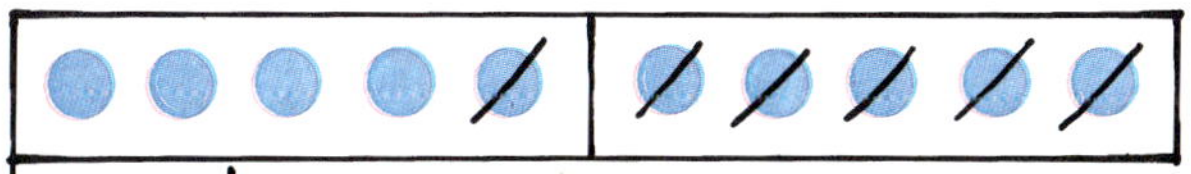

12 − 8 = □

4

12 − 5 = □

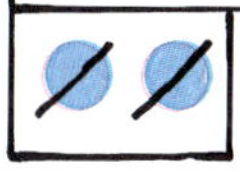

12 − 9 = □

5

12 − 6 = □

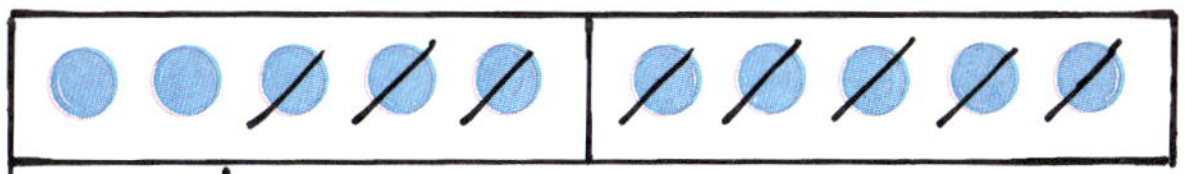
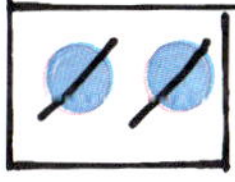

12 − 10 = □

6

12 − 2 = □	12 − 2 = □	12 − 2 = □	12 − 2 = □	12 − 9 = □
12 − 2 − 1 = □	12 − 2 − 3 = □	12 − 2 − 5 = □	12 − 2 − 7 = □	11 − 4 = □
12 − 3 = □	12 − 5 = □	12 − 7 = □	12 − 9 = □	12 − 6 = □
12 − 2 = □	12 − 2 = □	12 − 2 = □	12 − 2 = □	12 − 7 = □
12 − 2 − 2 = □	12 − 2 − 4 = □	12 − 2 − 6 = □	12 − 2 − 8 = □	12 − 5 = □
12 − 4 = □	12 − 6 = □	12 − 8 = □	12 − 10 = □	12 − 8 = □

7

12 − 9 = □	12 − 8 = □	12 − 4 = □	12 − 4 = □	12 − 1 = □	12 − 6 = □
12 − 7 = □	12 − 10 = □	12 − 6 = □	12 − 3 = □	12 − 2 = □	12 − 7 = □
12 − 9 = □	12 − 7 = □	12 − 5 = □	12 − 2 = □	12 − 3 = □	12 − 8 = □
12 − 7 = □	12 − 6 = □	12 − 2 = □	12 − 1 = □	12 − 4 = □	12 − 9 = □
12 − 9 = □	12 − 5 = □	12 − 4 = □	12 − 3 = □	12 − 5 = □	12 − 10 = □

Wir können Zerlegaufgaben bis 12 lösen.

Erzähle, was geschieht.

1

12 = 6 + □

2

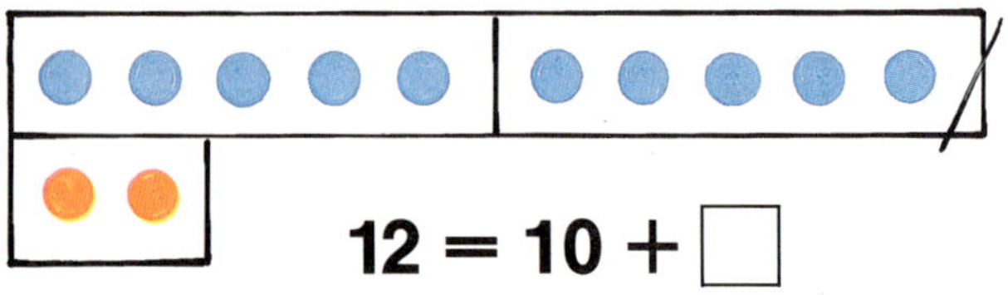

12 = 10 + □

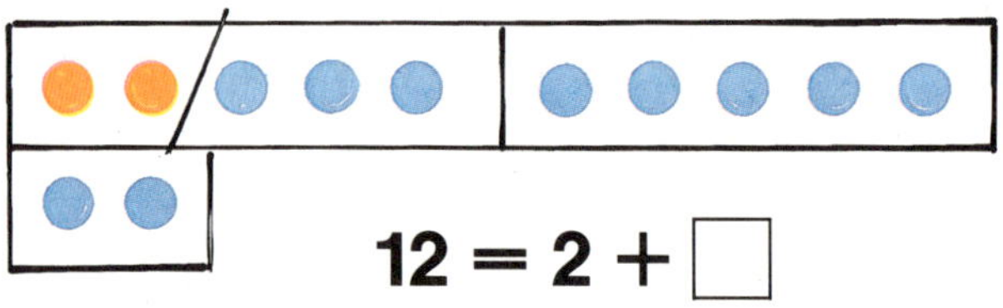

12 = 2 + □

3

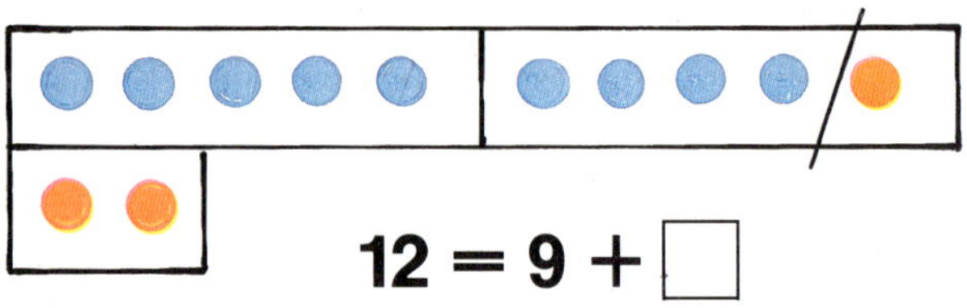

12 = 9 + □

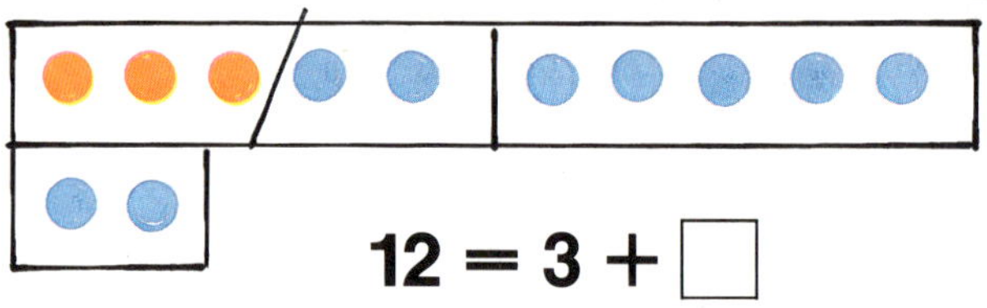

12 = 3 + □

4

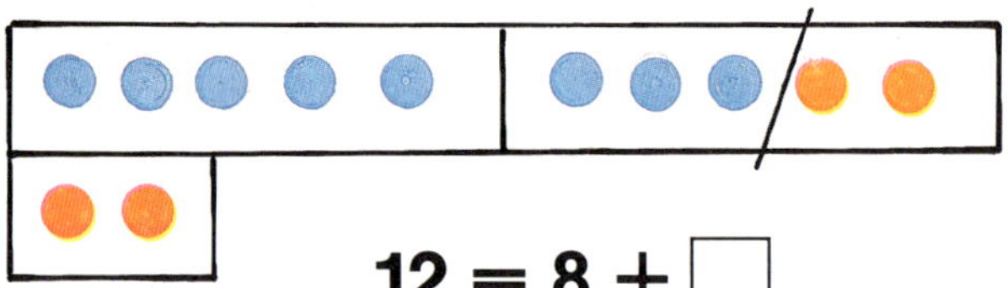

12 = 8 + □

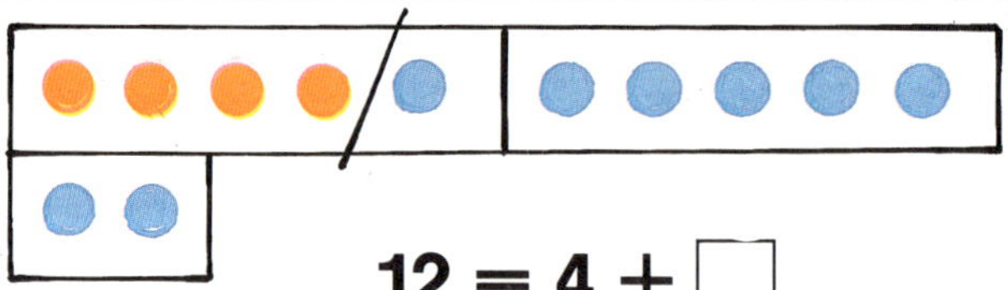

12 = 4 + □

5

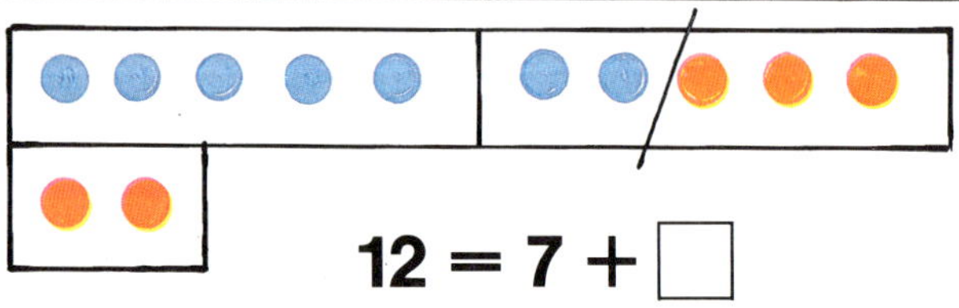

12 = 7 + □

12 = 5 + □

6

12 = 9 + □	12 = 8 + □	12 = 7 + □	12 = 6 + □	12 = 8 + □	12 = 6 + □
12 = 8 + □	12 = 9 + □	12 = 8 + □	12 = 7 + □	12 = 7 + □	12 = 7 + □
12 = 9 + □	12 = 8 + □	12 = 7 + □	12 = 6 + □	12 = 6 + □	12 = 8 + □
12 = 8 + □	12 = 9 + □	12 = 9 + □	12 = 7 + □	12 = 5 + □	12 = 9 + □
12 = 9 + □	12 = 8 + □	12 = 8 + □	12 = 6 + □	12 = 9 + □	12 = 10 + □

7

12 = 5 + □	12 = 4 + □	12 = 4 + □	12 = 3 + □	12 = 1 + □	12 = 6 + □
12 = 4 + □	12 = 5 + □	12 = 3 + □	12 = 2 + □	12 = 2 + □	12 = 7 + □
12 = 5 + □	12 = 4 + □	12 = 4 + □	12 = 3 + □	12 = 3 + □	12 = 10 + □
12 = 6 + □	12 = 5 + □	12 = 3 + □	12 = 2 + □	12 = 4 + □	12 = 9 + □
12 = 5 + □	12 = 3 + □	12 = 4 + □	12 = 3 + □	12 = 5 + □	12 = 8 + □

Wir können Ergänzungsaufgaben bis 12 lösen.

Erzähle, was geschieht.

1

6 + □ = 12

2

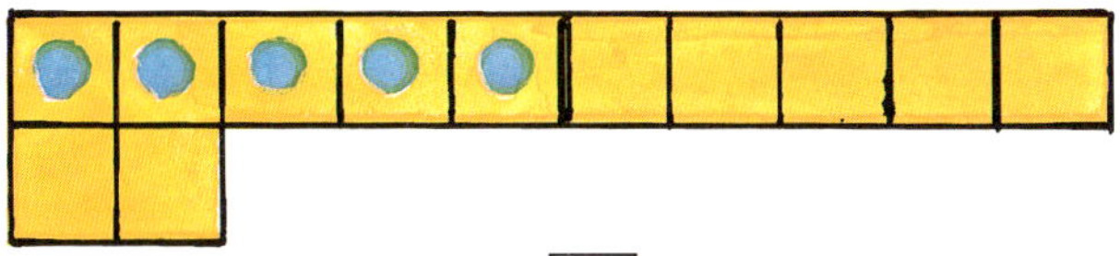

5 + □ = 12

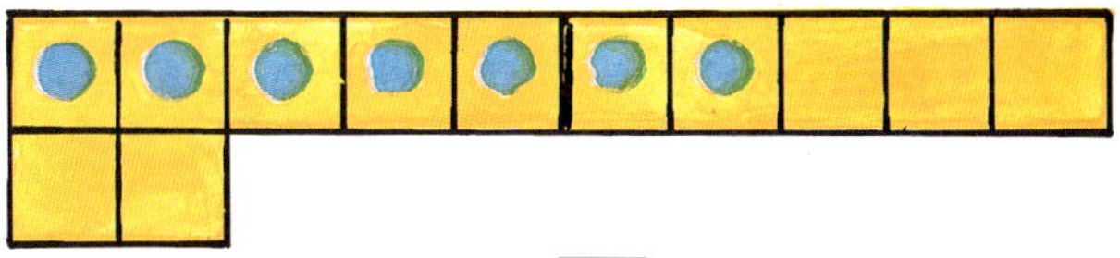

7 + □ = 12

3

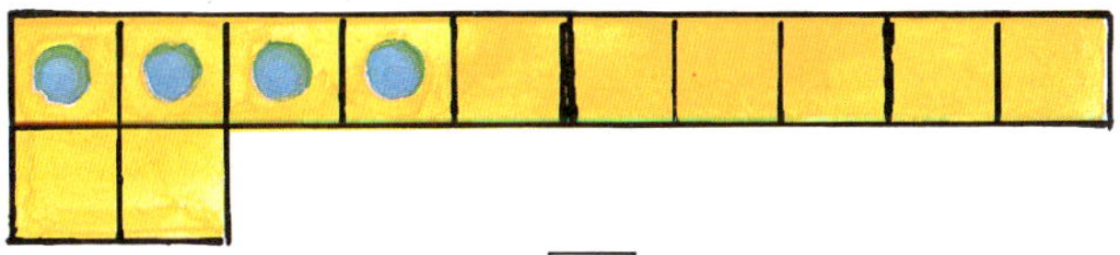

4 + □ = 12

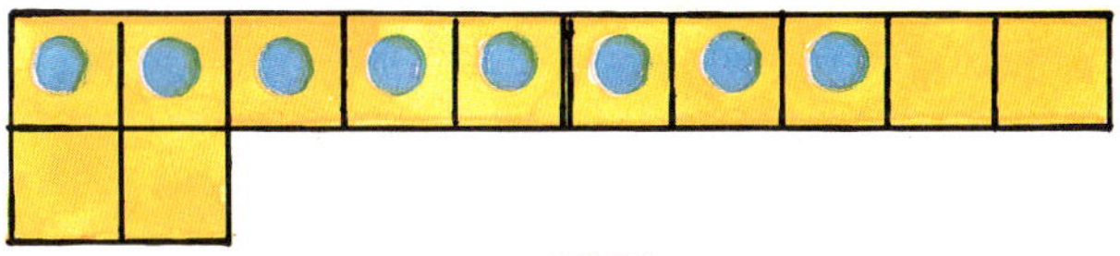

8 + □ = 12

4

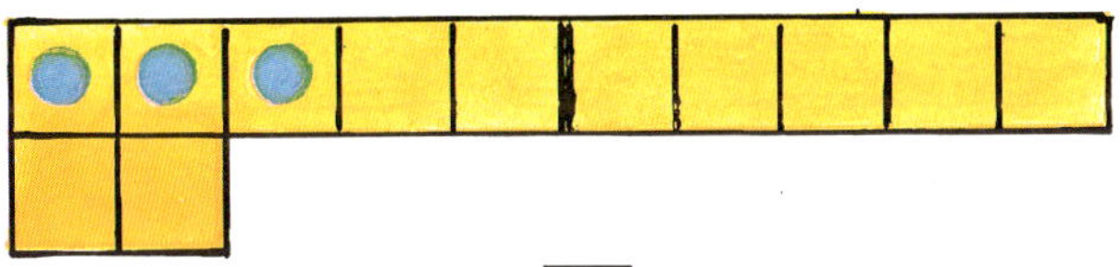

3 + □ = 12

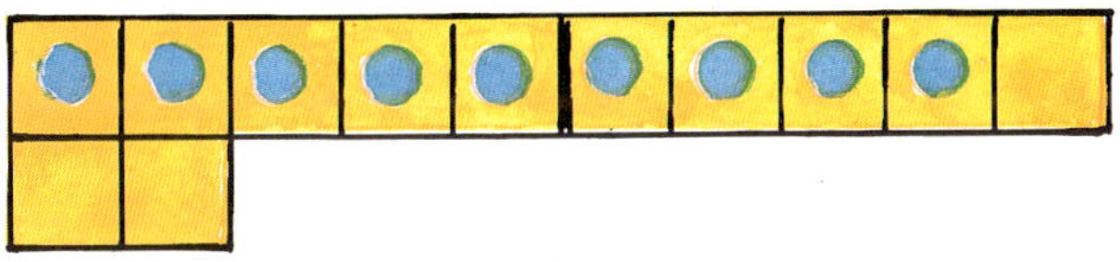

9 + □ = 12

5

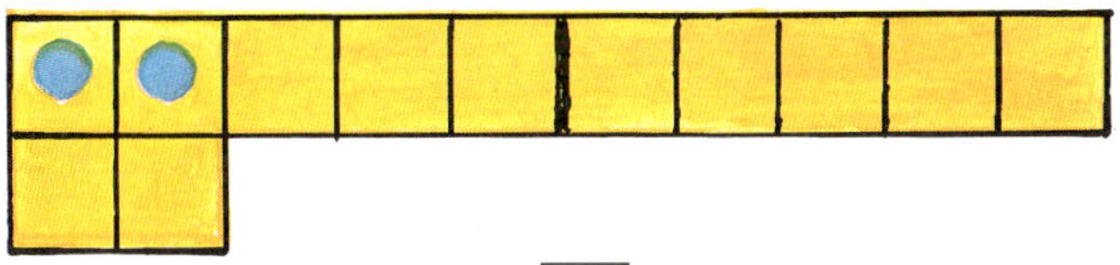

2 + □ = 12

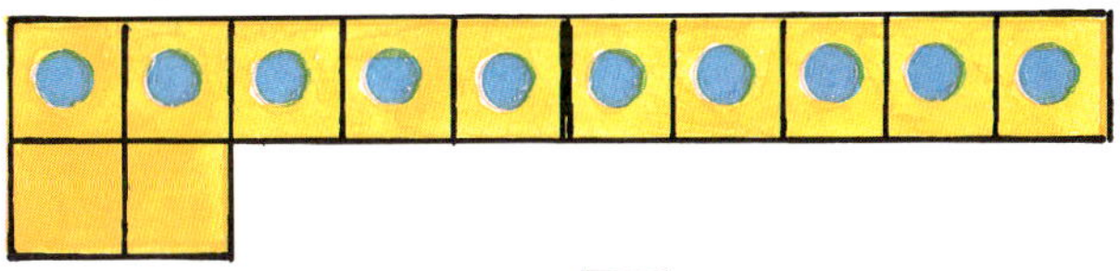

10 + □ = 12

6

1 + □ = 12	3 + □ = 12	4 + □ = 12	5 + □ = 12	3 + □ = 12	6 + □ = 12
2 + □ = 12	2 + □ = 12	3 + □ = 12	4 + □ = 12	5 + □ = 12	5 + □ = 12
3 + □ = 12	3 + □ = 12	4 + □ = 11	5 + □ = 12	4 + □ = 12	6 + □ = 12
2 + □ = 12	4 + □ = 12	3 + □ = 12	3 + □ = 12	5 + □ = 12	5 + □ = 12
1 + □ = 12	3 + □ = 12	4 + □ = 12	5 + □ = 12	2 + □ = 12	6 + □ = 12

7

7 + □ = 12	8 + □ = 12	7 + □ = 12	9 + □ = 12	10 + □ = 12	7 + □ = 12
6 + □ = 12	7 + □ − 11	8 + □ = 12	8 | □ = 12	11 + □ − 12	8 + □ = 12
7 + □ = 12	6 + □ = 12	6 + □ = 12	9 + □ = 12	10 + □ = 12	9 + □ = 12
6 + □ = 12	7 + □ = 12	8 + □ = 12	10 + □ = 12	11 + □ = 12	10 + □ = 12
7 + □ = 12	8 + □ = 12	5 + □ = 12	9 + □ = 12	10 + □ = 12	11 + □ = 12

Wir wissen, daß 2 mal 6 zwölf sind, daß 6 mal 2 auch zwölf sind.

Lege Sechser- und Zweierstreifen genauso.

1 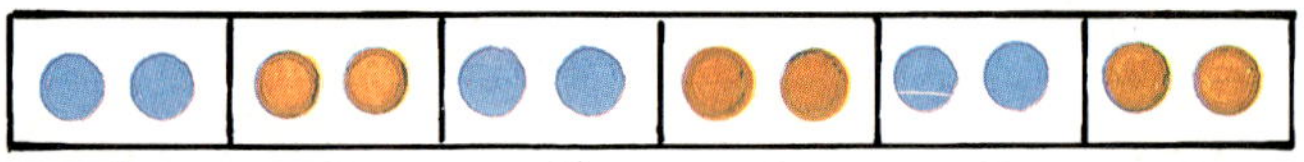

$2 + 2 + 2 + 2 + 2 + 2 = 12$ $\qquad$ **$6 \cdot 2 = 12$**

2 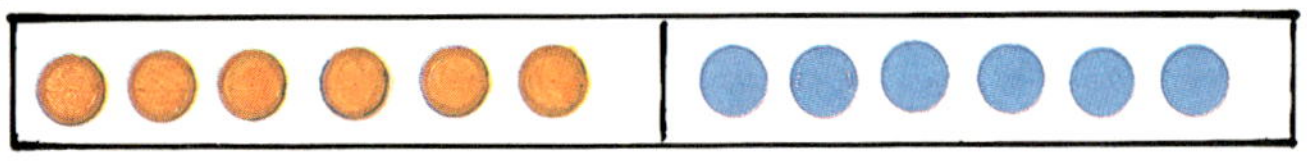

$6 + 6 = 12$ $\qquad$ **$2 \cdot 6 = 12$**

3 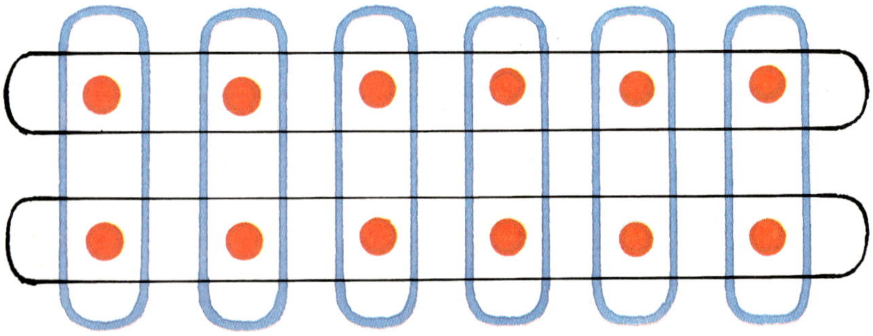

$2 \cdot 6 = 6 \cdot 2$

Wir wissen, daß 3 mal 4 zwölf sind, daß 4 mal 3 auch zwölf sind.

Lege Vierer- und Dreierstreifen genauso.

4 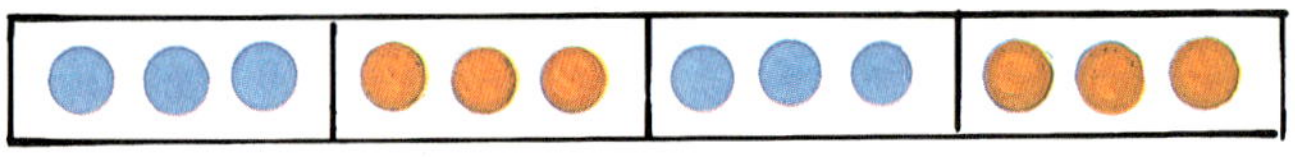

$3 + 3 + 3 + 3 = 12$ $\qquad$ **$4 \cdot 3 = 12$**

5 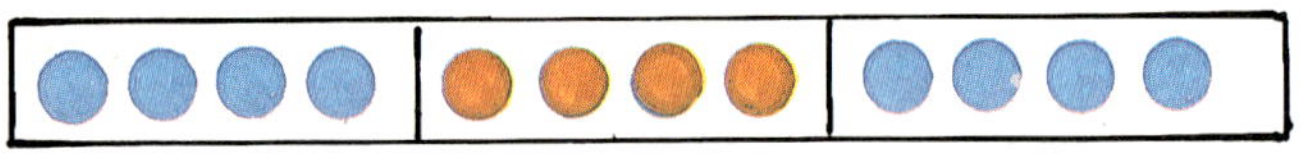

$4 + 4 + 4 = 12$ $\qquad$ **$3 \cdot 4 = 12$**

6 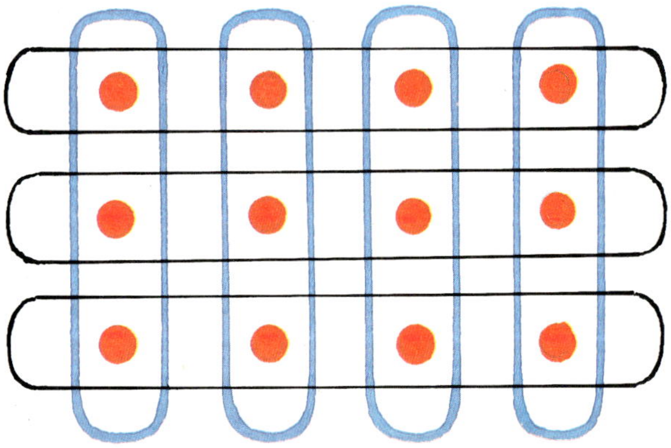

$3 \cdot 4 = 4 \cdot 3$

7

$2 + 6 = \square$	$3 + 4 = \square$	$6 + 2 = \square$	$4 + 3 = \square$
$2 \cdot 6 = \square$	$3 \cdot 4 = \square$	$6 \cdot 2 = \square$	$4 \cdot 3 = \square$

Schreibe die passenden Malaufgaben darunter.

8 

$2 \cdot 6 = \square$	$3 \cdot \square = \square$	$6 \cdot \square = \square$	$4 \cdot \square = \square$

Wir kennen die Menge und die Zahl 13.

1 Zähle die Plättchen. Lege und male sie. Schreibe dazu, wie viele es sind.

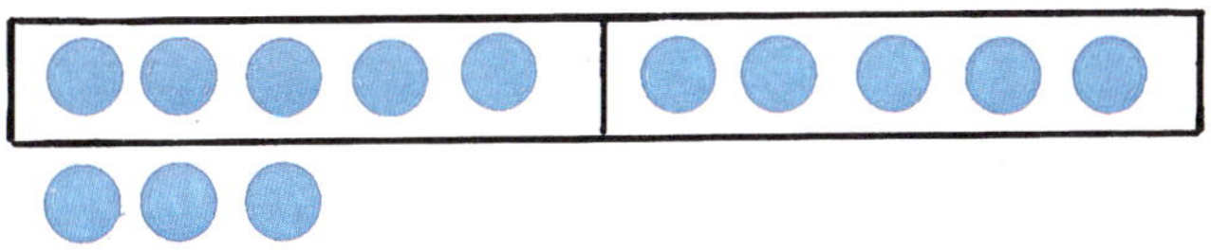

13

2 So kannst du die Menge 13 schneller malen:

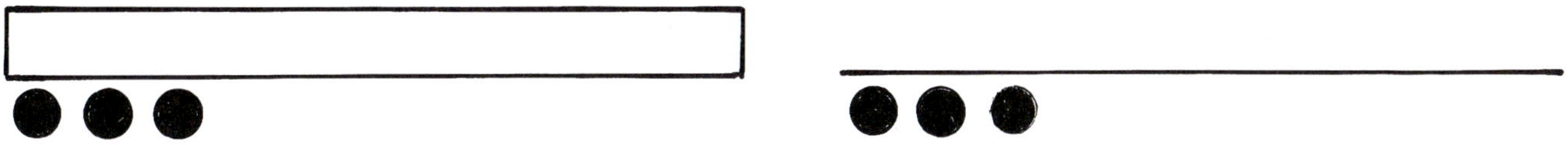

Wir kennen die Reihenfolge der Zahlen bis 13.

3 Lege und male genauso. Welche Zahl steht hinter 12?
Nenne 3 Zahlen, die größer sind als 10, und 3 Zahlen, die kleiner sind als 10.

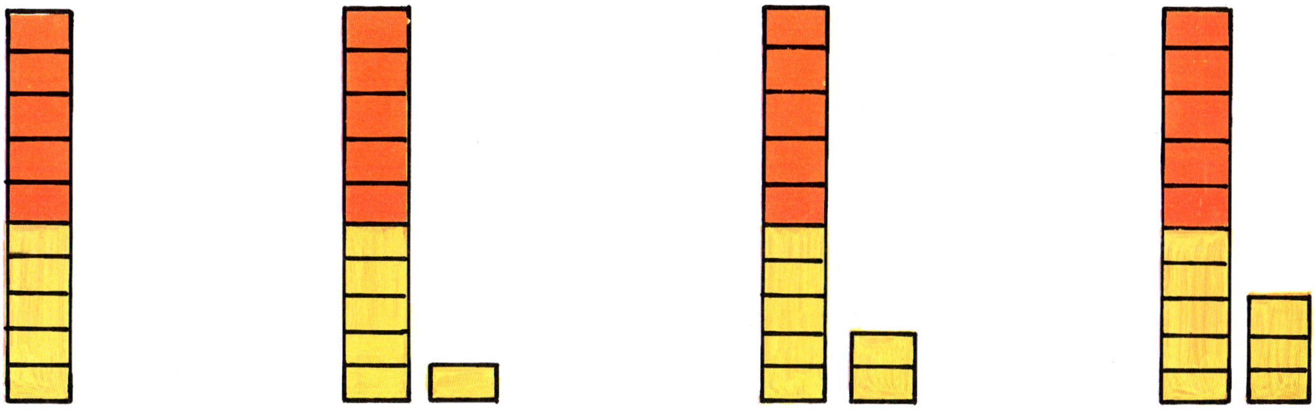

10 **11** **12** **13**

Wir können 13 Dinge numerieren.

4 Lies die Nummern vor. Welche fehlt? Zeige den 13. Radrennfahrer.
Der wievielte Fahrer hat ein gelbes Trikot.

1. **2.** **3.** **5.** **6.** **7.** **8.** **9.** **10.**

11. **12.** **13.**

Wir können fehlende Zahlen einsetzen.

5 Male die Kästchen ab. Trage die fehlenden Zahlen ein.

11		13

	11	12

11		

		11

	12	

Wir können die richtigen Zeichen einsetzen.

6 Schreibe die Zahlen ab. Setze > oder < dazwischen.

11 12	13 11	11 10	13 10	12 13

Wir können +Aufgaben bis 13 lösen.

Erzählt, was geschieht. Spielt die Bildergeschichte.

1

11 + 2 = □

2

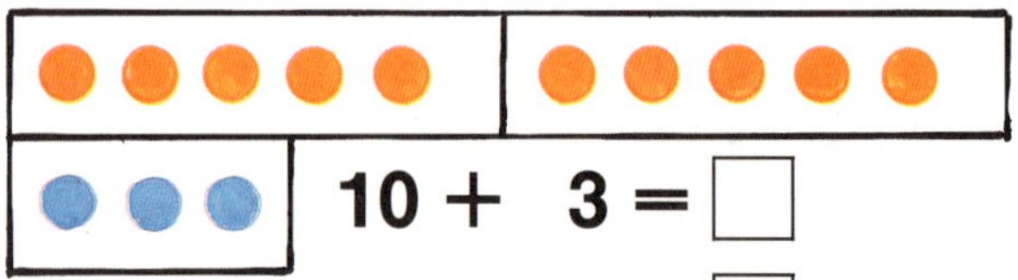

10 + 3 = □
3 + 10 = □

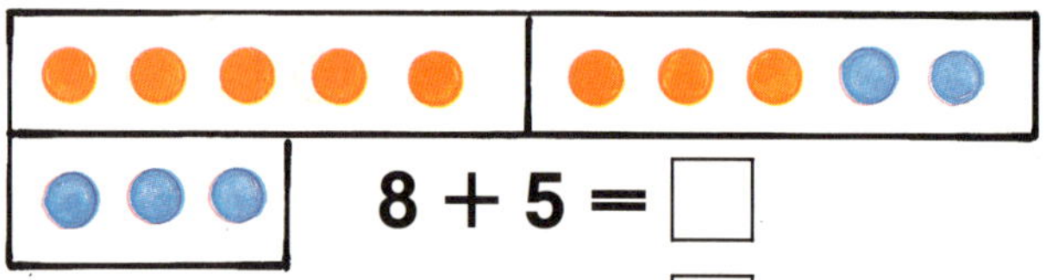

8 + 5 = □
5 + 8 = □

3

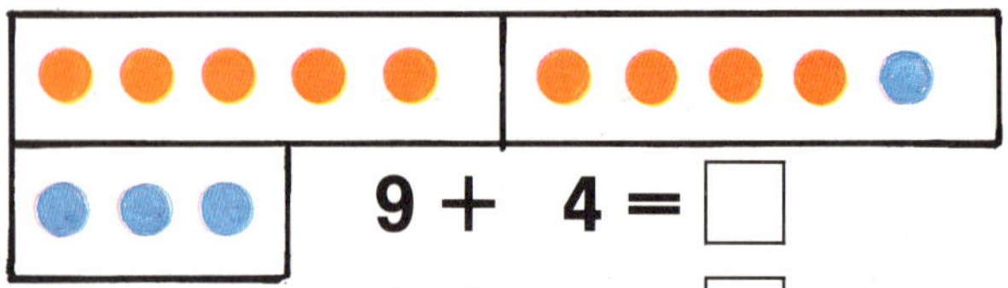

9 + 4 = □
4 + 9 = □

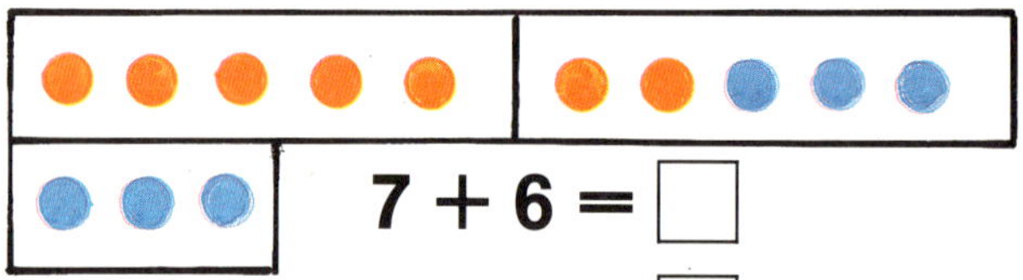

7 + 6 = □
6 + 7 = □

4

9 + 1 = □	7 + 3 = □	5 + 5 = □	6 + 4 = □	9 + 4 = □
9 + 1 + 3 = □	7 + 3 + 3 = □	5 + 5 + 3 = □	6 + 4 + 3 = □	9 + 3 = □
9 + 4 = □	7 + 6 = □	5 + 8 = □	6 + 7 = □	9 + 4 = □
8 + 2 = □	3 + 7 = □	4 + 6 = □	11 + 1 = □	8 + 2 = □
8 + 2 + 3 = □	3 + 7 + 3 = □	4 + 6 + 3 = □	11 + 2 = □	8 + 5 = □
8 + 5 = □	3 + 10 = □	4 + 9 = □	12 + 1 = □	8 + 4 = □

5

8 + 3 = □	7 + 6 = □	6 + 6 = □	5 + 8 = □	3 + 9 = □
7 + 4 = □	6 + 6 = □	6 + 7 = □	4 + 8 = □	3 + 10 = □
8 + 5 = □	7 + 6 = □	6 + 6 = □	5 + 8 = □	4 + 9 = □
9 + 4 = □	6 + 7 = □	6 + 7 = □	5 + 5 = □	2 + 8 = □
8 + 4 = □	7 + 6 = □	6 + 5 = □	5 + 8 = □	3 + 10 = □
8 + 5 = □	7 + 5 = □	7 + 5 = □	4 + 9 = □	4 + 9 = □

6

9 Pf + 4 Pf = □ Pf	7 Pf + 5 Pf = □ Pf	5 Pf + 7 Pf = □ Pf
9 Pf + 3 Pf = □ Pf	7 Pf + 6 Pf = □ Pf	5 Pf + 8 Pf = □ Pf
8 Pf + 5 Pf = □ Pf	6 Pf + 6 Pf = □ Pf	4 Pf + 8 Pf = □ Pf
8 Pf + 4 Pf = □ Pf	6 Pf + 7 Pf = □ Pf	4 Pf + 9 Pf = □ Pf

Wir können —Aufgaben bis 13 lösen.

Erzählt, was geschieht. Spielt die Bildergeschichte.

1

$13 - 2 = □$

2

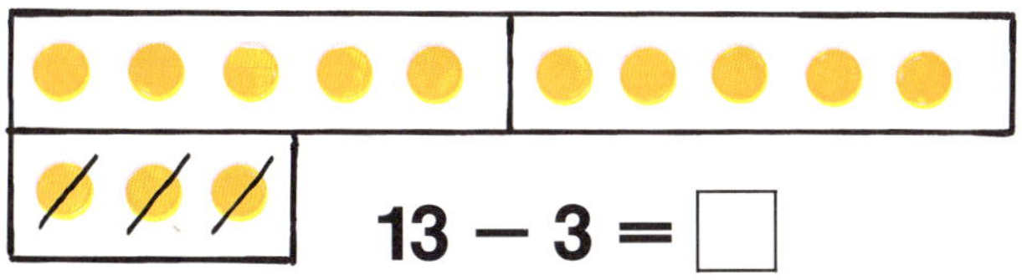

$13 - 3 = □$

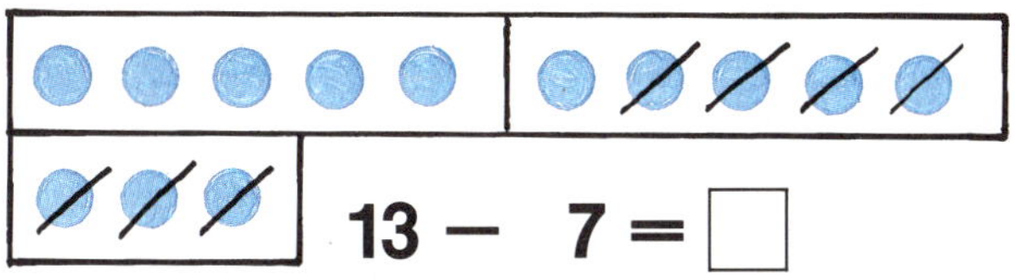

$13 - 7 = □$

3

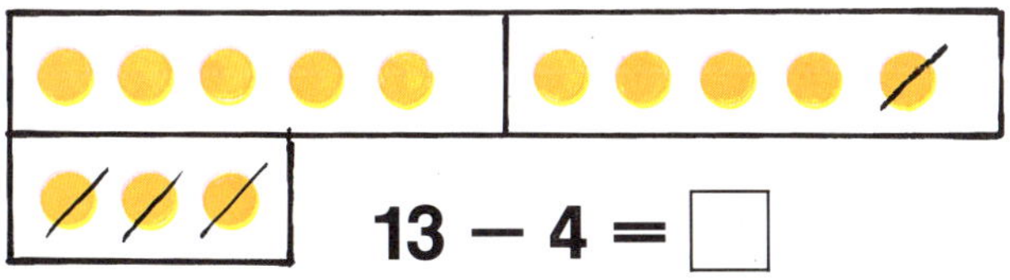

$13 - 4 = □$

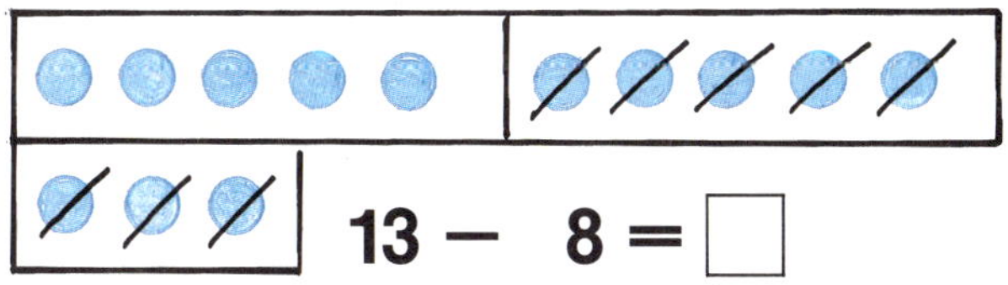

$13 - 8 = □$

4

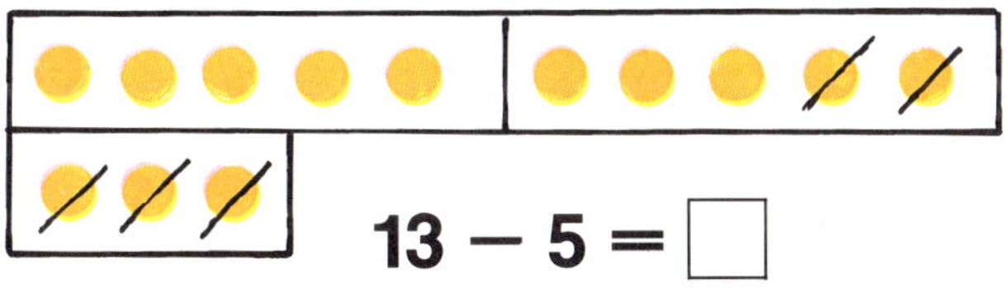

$13 - 5 = □$

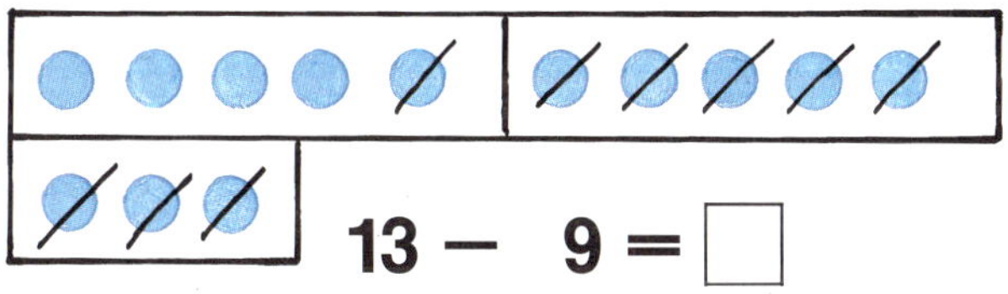

$13 - 9 = □$

5

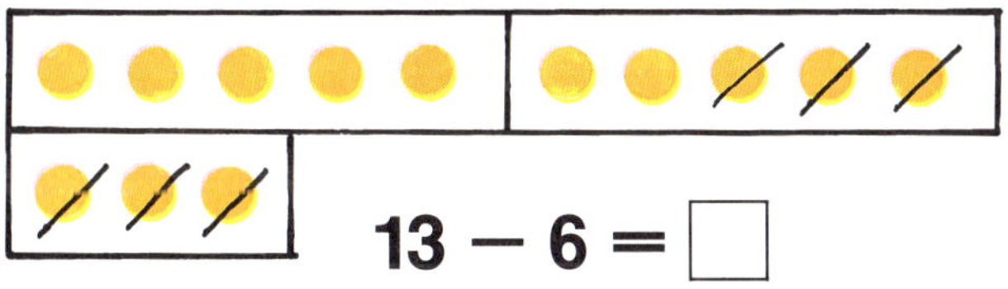

$13 - 6 = □$

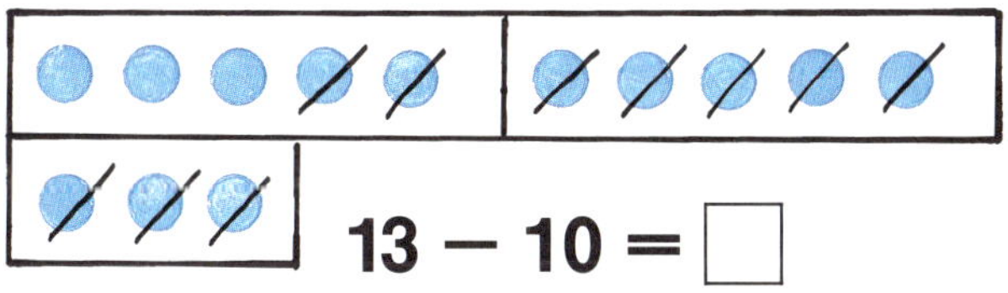

$13 - 10 = □$

6

13 − 3 = □	13 − 3 = □	13 − 3 = □	13 − 3 = □	13 − 3 = □
13 − 3 − 1 = □	13 − 3 − 3 = □	13 − 3 − 5 = □	13 − 3 − 7 = □	13 − 4 = □
13 − 4 = □	13 − 6 = □	13 − 8 = □	13 − 10 = □	13 − 5 = □
13 − 3 = □	13 − 3 = □	13 − 3 = □	13 − 1 = □	13 − 6 = □
13 − 3 − 2 = □	13 − 3 − 4 = □	13 − 3 − 6 = □	13 − 2 = □	13 − 7 = □
13 − 5 = □	13 − 7 = □	13 − 9 = □	13 − 3 = □	13 − 8 = □

7

13 − 4 = □	13 − 5 = □	13 − 6 = □	13 − 9 = □	13 − 10 = □	13 − 3 = □
13 − 5 = □	13 − 6 = □	13 − 7 = □	13 − 8 = □	13 − 1 = □	13 − 2 = □
13 − 4 = □	13 − 5 = □	13 − 8 = □	13 − 9 = □	13 − 10 = □	13 − 1 = □
13 − 5 = □	13 − 6 = □	13 − 7 = □	13 − 8 = □	13 − 9 = □	13 − 3 = □
13 − 4 = □	13 − 7 = □	13 − 8 = □	13 − 9 = □	13 − 2 = □	13 − 10 = □

Wir können Zerlegaufgaben bis 13 lösen.

Erzählt, was geschieht. Spielt die Bildergeschichte.

1

13 = 11 + □

2

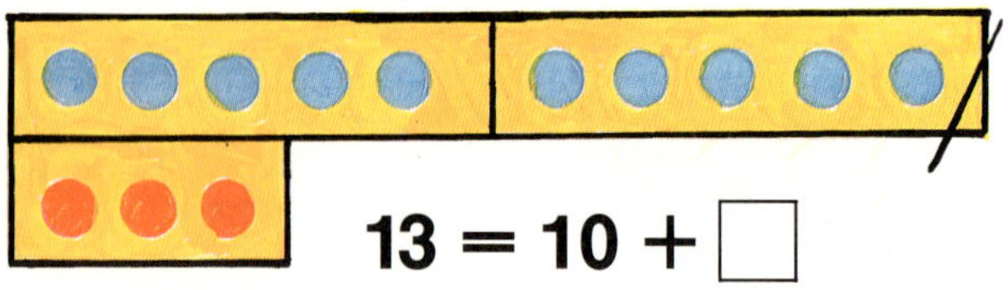

13 = 10 + □

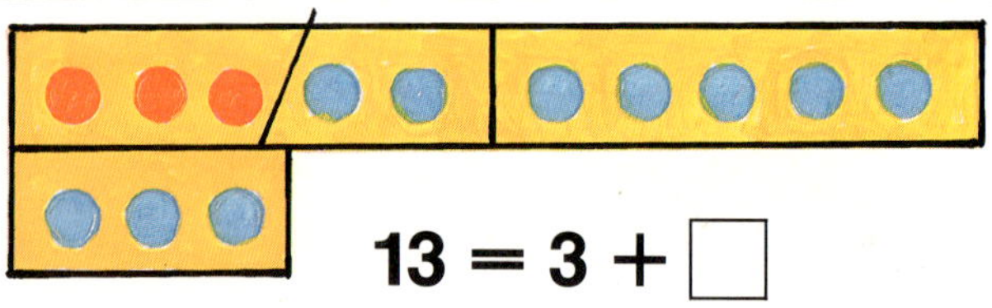

13 = 3 + □

3

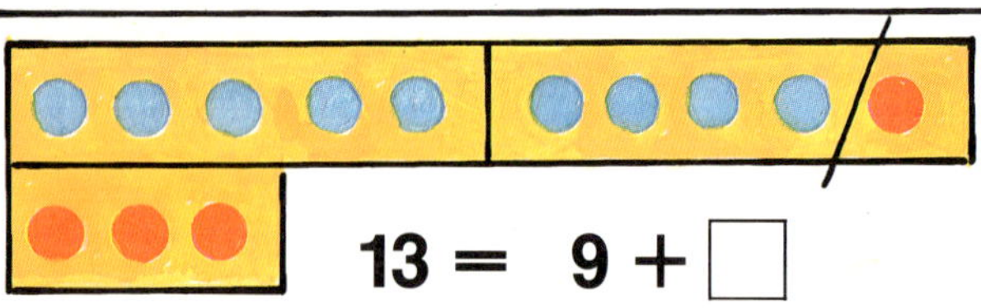

13 = 9 + □

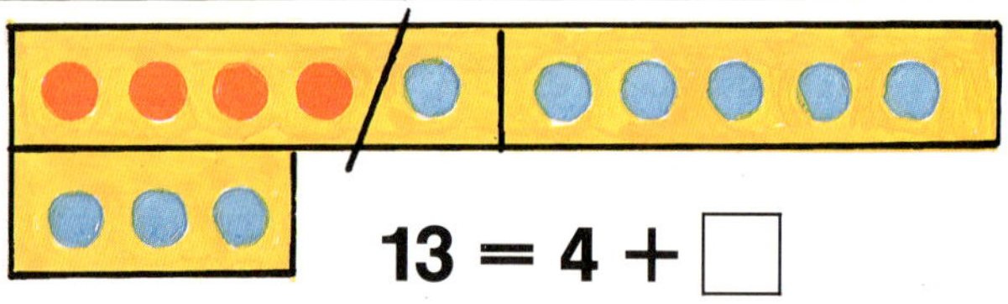

13 = 4 + □

4

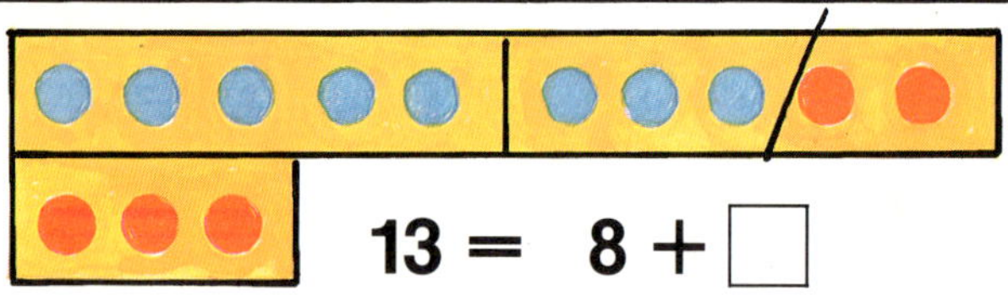

13 = 8 + □

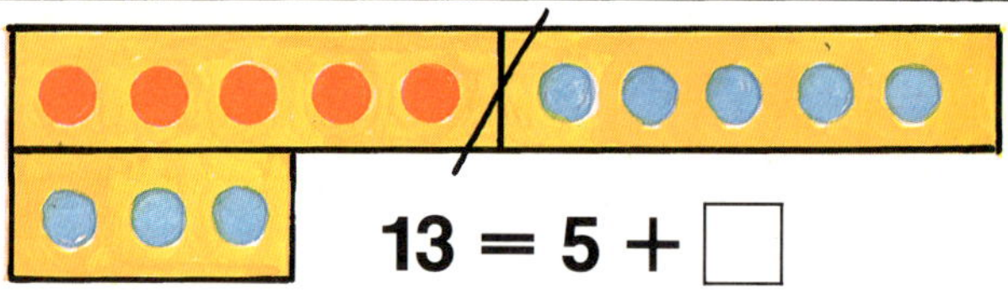

13 = 5 + □

5

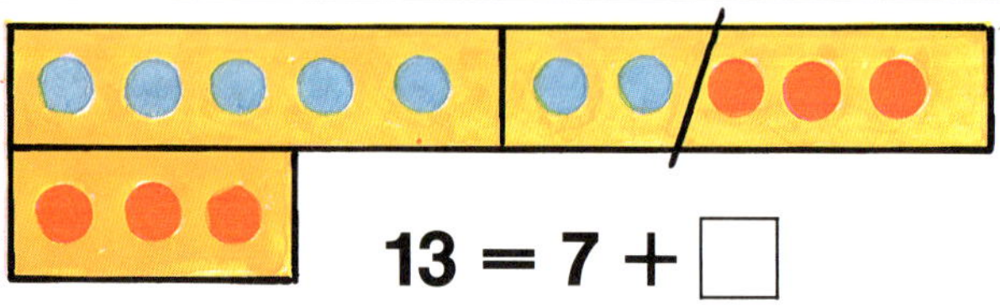

13 = 7 + □

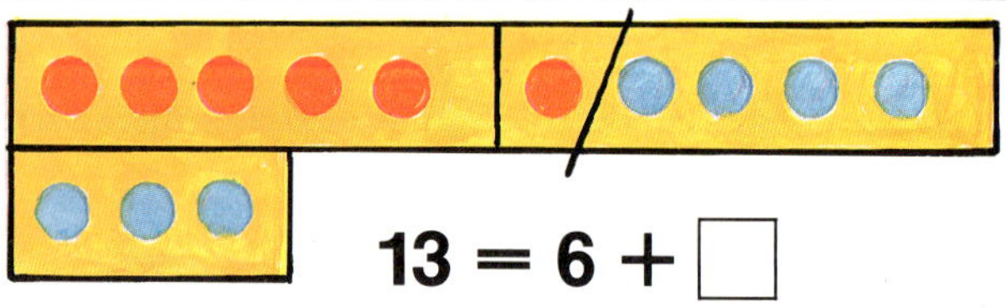

13 = 6 + □

6

13 = 11 + □	13 = 9 + □	13 = 8 + □	13 = 7 + □	13 = 8 + □	13 = 7 + □
13 = 10 + □	13 = 10 + □	13 = 9 + □	13 = 8 + □	13 = 7 + □	13 = 6 + □
13 = 11 + □	13 = 9 + □	13 = 8 + □	13 = 7 + □	13 = 8 + □	13 = 7 + □
13 = 12 + □	13 = 10 + □	13 = 9 + □	13 = 8 + □	13 = 7 + □	13 = 6 + □
13 = 10 + □	13 = 9 + □	13 = 8 + □	13 = 9 + □	13 = 6 + □	13 = 7 + □

7

13 = 5 + □	13 = 4 + □	13 = 3 + □	13 = 4 + □	13 = 2 + □	13 = 9 + □
13 = 6 + □	13 = 5 + □	13 = 4 + □	13 = 3 + □	13 = 1 + □	13 = 8 + □
13 = 5 + □	13 = 4 + □	13 = 3 + □	13 = 3 + □	13 = 2 + □	13 = 7 + □
13 = 6 + □	13 = 5 + □	13 = 4 + □	13 = 4 + □	13 = 1 + □	13 = 6 + □
13 = 5 + □	13 = 4 + □	13 = 5 + □	13 = 3 + □	13 = 3 + □	13 = 5 + □

Wir können Ergänzungsaufgaben bis 13 lösen.

Erzähle, was geschieht.

1

11 + □ = 13

2

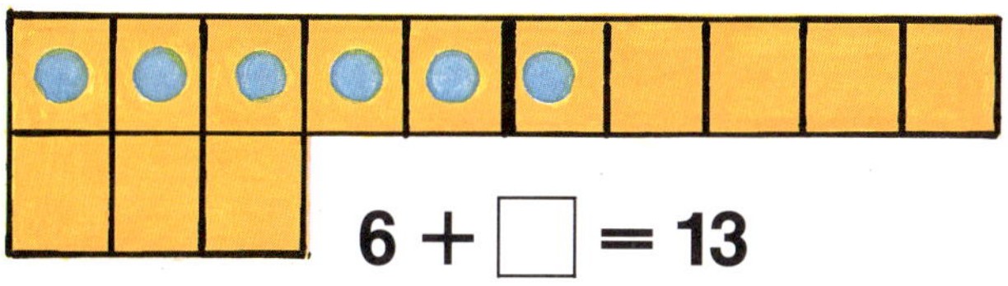

6 + □ = 13

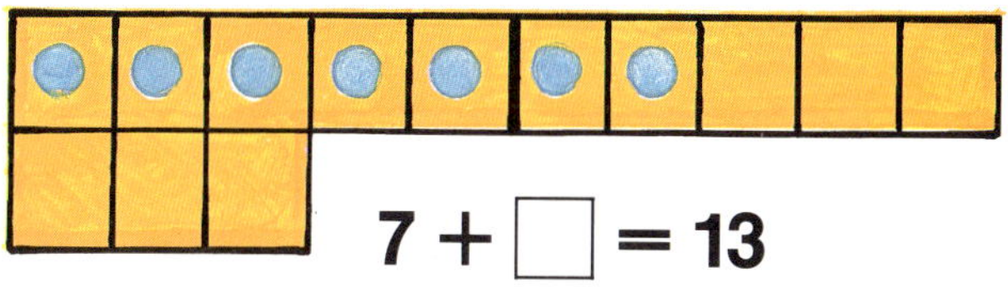

7 + □ = 13

3

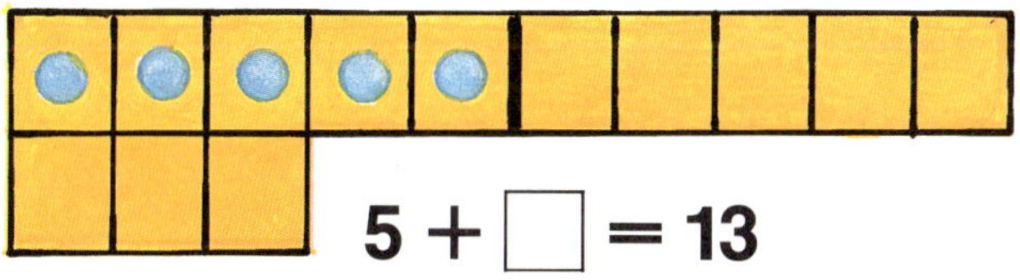

5 + □ = 13

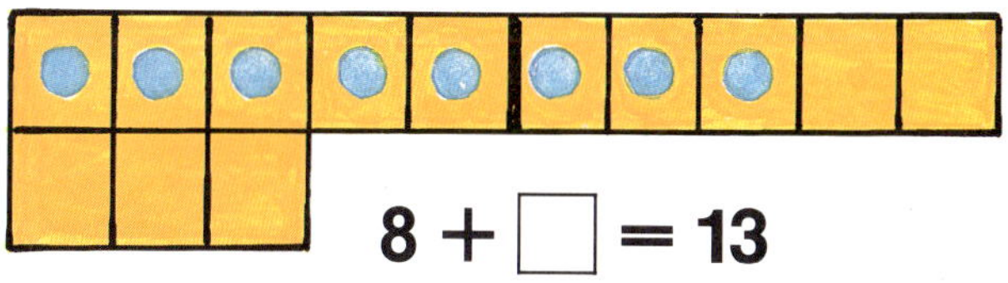

8 + □ = 13

4

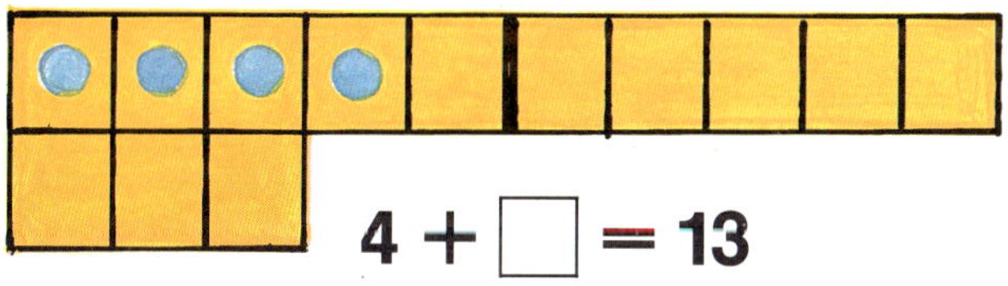

4 + □ = 13

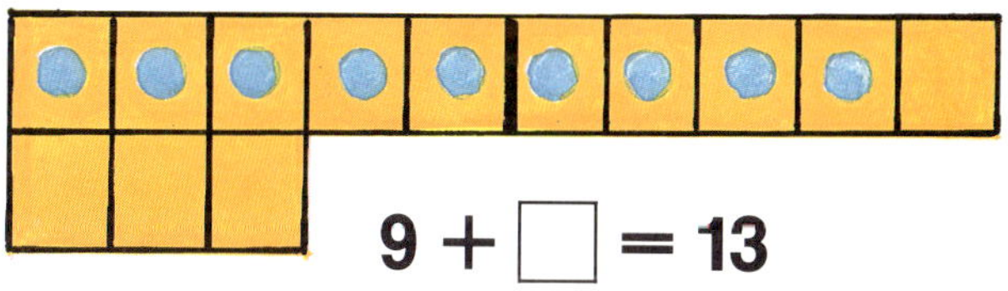

9 + □ = 13

5

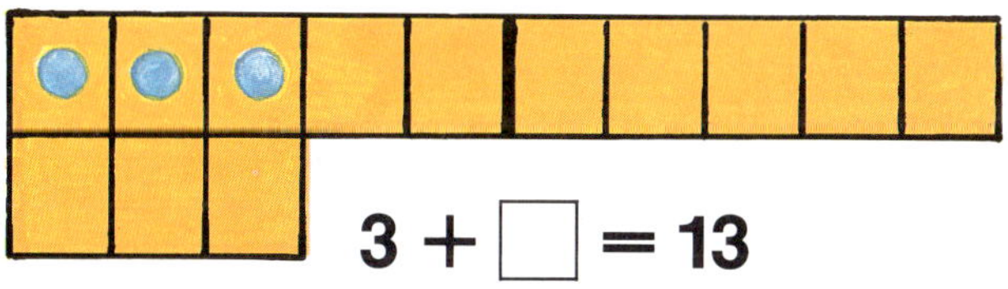

3 + □ = 13

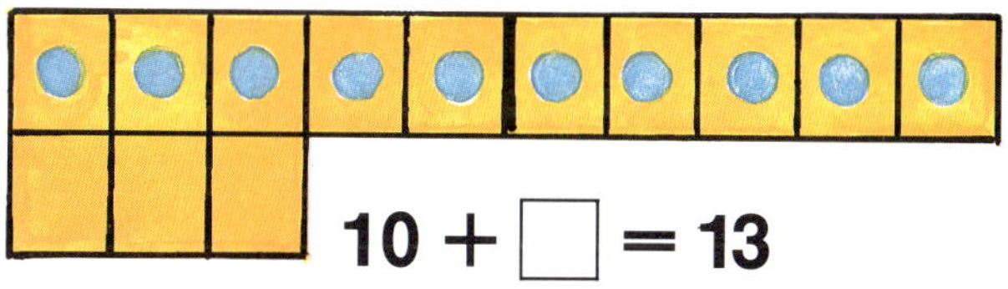

10 + □ = 13

6

3 + □ = 13	4 + □ = 13	5 + □ = 13	6 + □ = 13	6 + □ = 13	7 + □ = 13
4 + □ = 13	3 + □ = 13	4 + □ = 13	5 + □ = 13	5 + □ = 13	6 + □ = 13
3 + □ = 13	4 + □ = 13	5 + □ = 13	6 + □ = 13	4 + □ = 13	7 + □ = 13
4 + □ = 13	3 + □ = 13	3 + □ = 13	5 + □ = 13	3 + □ = 13	6 + □ = 13
3 + □ = 13	5 + □ = 13	5 + □ = 13	6 + □ = 13	6 + □ = 13	7 + □ = 13

7

8 + □ = 13	9 + □ = 13	10 + □ = 13	9 + □ = 13	12 + □ = 13	7 + □ = 13
7 + □ = 13	8 + □ = 13	9 + □ = 13	10 + □ = 13	11 + □ = 13	6 + □ = 13
8 + □ = 13	7 + □ = 13	8 + □ = 13	11 + □ = 13	10 + □ = 13	5 + □ = 13
7 + □ = 13	8 + □ = 13	10 + □ = 13	9 + □ = 13	9 + □ = 13	4 + □ = 13
8 + □ = 13	9 + □ = 13	9 + □ = 13	11 + □ = 13	8 + □ = 13	3 + □ = 13

Wir kennen die Menge und die Zahl 14.

1 Zähle die Plättchen. Lege und male sie. Schreibe dazu, wie viele es sind.

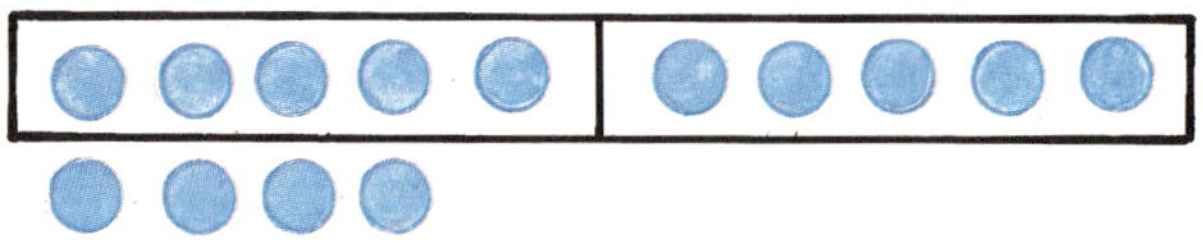

14

2 So kannst du die Menge 14 schneller malen:

Wir kennen die Reihenfolge der Zahlen bis 14.

3 Lege und male genauso. Welche Zahl steht hinter 13?
Nenne 3 Zahlen, die größer sind als 11, und 3 Zahlen, die kleiner sind als 11.

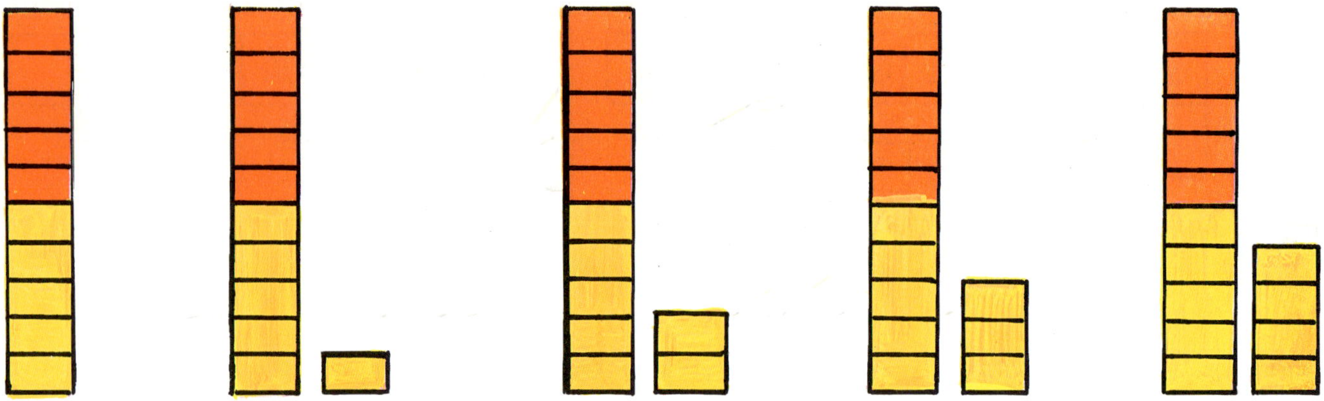

10 **11** **12** **13** **14**

Wir können 14 Dinge numerieren.

4 Lies die Nummern vor. Welche fehlt? Zeige den 14. Reiter.
Der wievielte Reiter hat ein roten Anzug?

Wir können fehlende Zahlen einsetzen.

5 Male die Kästchen ab. Trage die fehlenden Zahlen ein.

12		14		12	13	12					12		13	

Wir können die richtigen Zeichen einsetzen.

6 Schreibe die Zahlen ab. Setze > oder < dazwischen.

12	13	14	12	9	13	14	10	13	14

Wir können +Aufgaben bis 14 lösen.

Zeige, wo du die Büchsen schneller zählen kannst.

1

2

7 + 7 = ☐

3

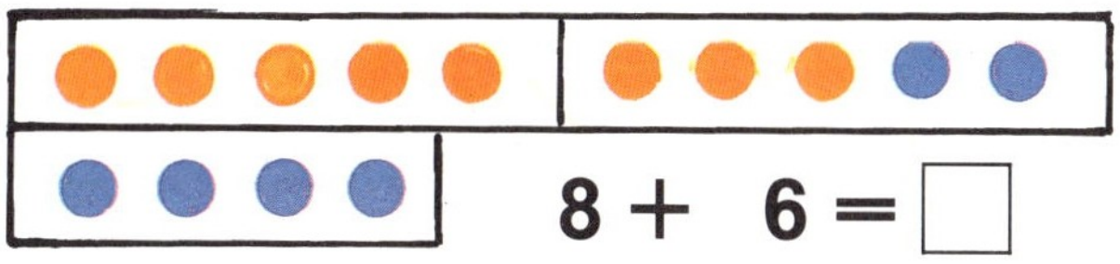

8 + 6 = ☐
6 + 8 = ☐

9 + 5 = ☐
5 + 9 = ☐

4

10 + 4 = ☐
4 + 10 = ☐

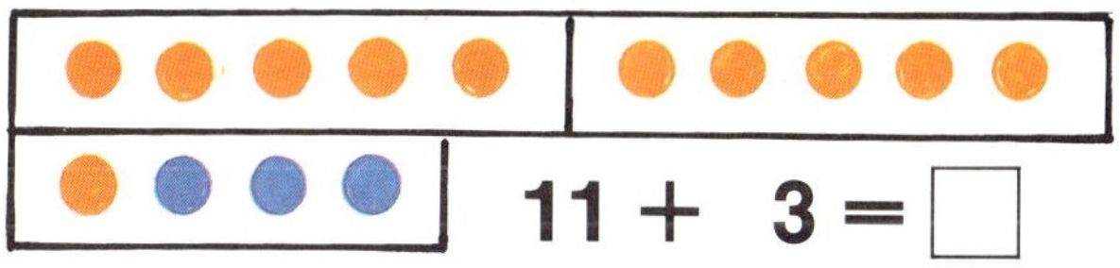

11 + 3 = ☐
3 + 11 = ☐

5

9 + 1 = ☐	13 + 1 = ☐	5 + 5 = ☐	7 + 3 = ☐	10 + 4 = ☐
9 + 1 + 4 = ☐	12 + 1 = ☐	5 + 5 + 4 = ☐	7 + 3 + 4 = ☐	9 + 4 = ☐
9 + 5 = ☐	13 + 1 = ☐	5 + 9 = ☐	7 + 7 = ☐	10 + 4 = ☐
8 + 2 = ☐	6 + 4 = ☐	4 + 6 = ☐	11 + 2 = ☐	11 + 3 = ☐
8 + 2 + 4 = ☐	6 + 4 + 4 = ☐	4 + 6 + 4 = ☐	12 + 2 = ☐	10 + 3 = ☐
8 + 6 = ☐	6 + 8 = ☐	4 + 10 = ☐	10 + 4 = ☐	11 + 3 = ☐

6

10 + 4 = ☐	8 + 6 = ☐	7 + 6 = ☐	6 + 7 = ☐	5 + 9 = ☐
10 + 3 = ☐	7 + 7 = ☐	6 + 8 = ☐	5 + 9 = ☐	4 + 9 = ☐
10 + 4 = ☐	8 + 5 = ☐	7 + 7 = ☐	6 + 6 = ☐	11 + 3 = ☐
9 + 5 = ☐	7 + 6 = ☐	6 + 8 = ☐	4 + 10 = ☐	13 + 1 = ☐
9 + 4 = ☐	9 + 5 = ☐	8 + 4 = ☐	5 + 9 = ☐	11 + 2 = ☐
9 + 5 = ☐	8 + 6 = ☐	6 + 7 = ☐	4 + 10 = ☐	12 + 2 = ☐

Wir können —Aufgaben bis 14 lösen.

Erzähle, was geschieht.

1

14 − 4 = □

2

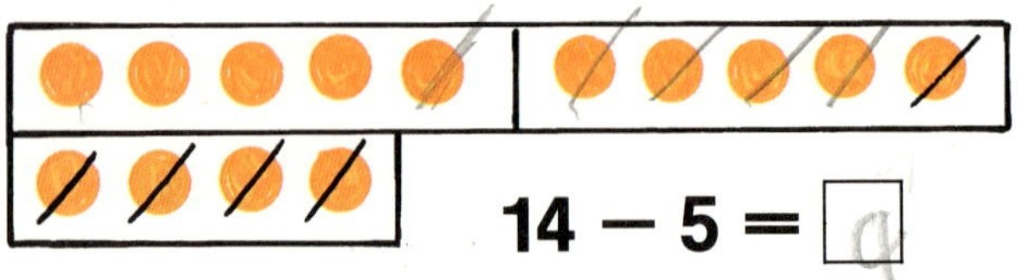

14 − 5 = □

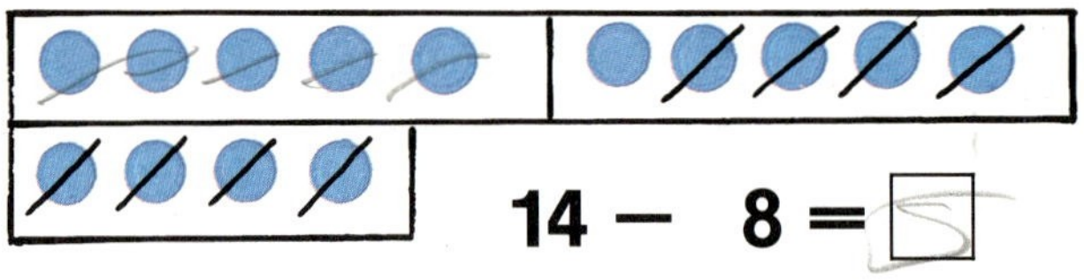

14 − 8 = □

3

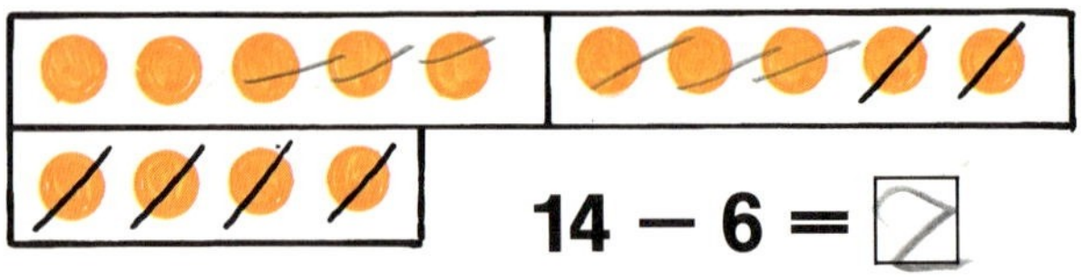

14 − 6 = □

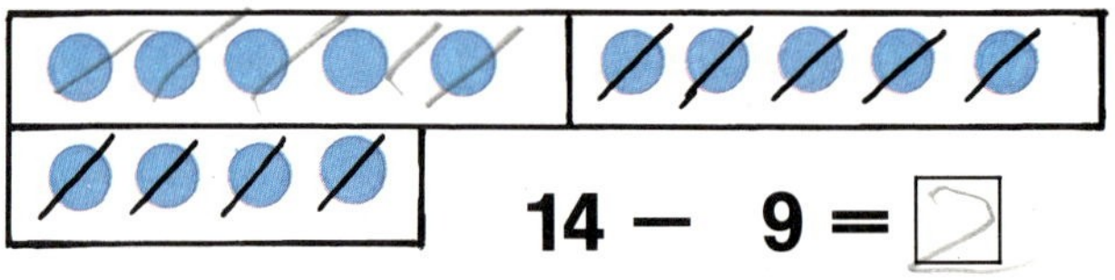

14 − 9 = □

4

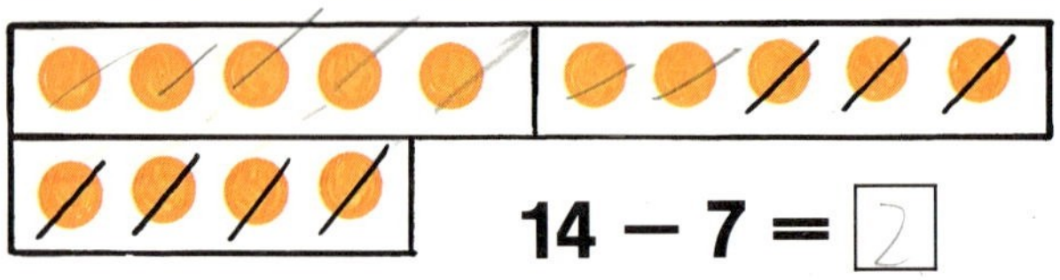

14 − 7 = □

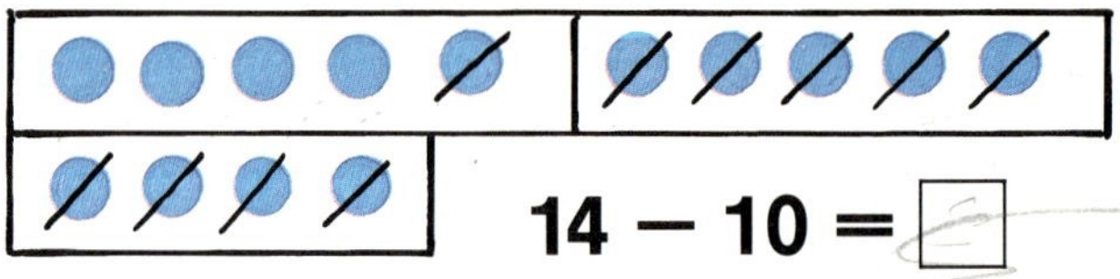

14 − 10 = □

5

14 − 4 = □	14 − 4 = □	14 − 4 = □	14 − 3 = □	14 − 4 = □
14 − 4 − 1 = □	14 − 4 − 3 = □	14 − 4 − 5 = □	14 − 2 = □	14 − 5 = □
14 − 5 = □	14 − 7 = □	14 − 9 = □	14 − 1 = □	14 − 6 = □
14 − 4 = □	14 − 4 = □	14 − 4 = □	14 − 3 = □	14 − 7 = □
14 − 4 − 2 = □	14 − 4 − 4 = □	14 − 4 − 6 = □	14 − 2 = □	14 − 8 = □
14 − 6 = □	14 − 8 = □	14 − 10 = □	14 − 1 = □	14 − 9 = □

6

14 − 10 = □	14 − 9 = □	14 − 8 = □	13 − 9 = □	13 − 7 = □
13 − 10 = □	14 − 7 = □	14 − 6 = □	14 − 9 = □	14 − 7 = □
12 − 10 = □	14 − 5 = □	14 − 4 = □	13 − 8 = □	13 − 6 = □
11 − 10 = □	14 − 3 = □	14 − 2 = □	14 − 8 = □	14 − 6 = □

7

14 − 5 = □	10 + 4 = □	14 − 8 = □	5 + 9 = □	14 − 2 = □
9 + 5 = □	14 − 4 = □	6 + 8 = □	14 − 9 = □	12 + 1 = □
14 − 7 = □	8 + 6 = □	14 − 10 = □	11 + 3 = □	14 − 1 = □
7 + 7 = □	14 − 6 = □	4 + 10 = □	14 − 3 = □	9 + 4 = □

Male das Geld ab. Schreibe die passenden Wegaufgaben dazu.

1

2

3

14 Pf − 6 Pf = ☐ Pf	14 Pf − 7 Pf = ☐ Pf	14 Pf − 10 Pf = ☐ Pf
13 Pf − 6 Pf = ☐ Pf	14 Pf − 5 Pf = ☐ Pf	14 Pf − 2 Pf = ☐ Pf
12 Pf − 6 Pf = ☐ Pf	14 Pf − 9 Pf = ☐ Pf	14 Pf − 6 Pf = ☐ Pf
11 Pf − 6 Pf = ☐ Pf	13 Pf − 3 Pf = ☐ Pf	14 Pf − 4 Pf = ☐ Pf
10 Pf − 6 Pf = ☐ Pf	14 Pf − 1 Pf = ☐ Pf	14 Pf − 8 Pf = ☐ Pf
9 Pf − 6 Pf = ☐ Pf	14 Pf − 0 Pf = ☐ Pf	14 Pf − 9 Pf = ☐ Pf

4 Gabi hat 14 Pfennige. Sie schenkt 5 Pfennige her.
Wieviel Geld hat sie dann noch?
Sie hat noch ☐ Pfennige.

5 Peter hat auch 14 Pfennige. Er verliert 8 Pfennige.
Wieviel Geld hat er noch?
Er hat noch ☐ Pfennige.

6

14 − 5 = ☐	6 + 8 = ☐	14 − 3 = ☐	9 + 3 = ☐	13 − 5 = ☐	13 = 6 + ☐
10 + 3 = ☐	14 − 2 − ☐	4 + 7 = ☐	14 − 4 = ☐	10 + ☐ = 13	6 + 8 = ☐
14 − 8 = ☐	6 + 7 = ☐	14 − 1 = ☐	7 + 4 = ☐	12 − 5 = ☐	12 = 8 + ☐
8 + 5 = ☐	14 − 6 = ☐	4 + 10 = ☐	14 − 9 = ☐	9 + ☐ = 13	10 + 4 = ☐
14 − 10 = ☐	8 + 6 = ☐	14 − 5 = ☐	6 + 7 = ☐	11 − 4 = ☐	11 = 5 + ☐
7 + 7 = ☐	14 − 7 = ☐	5 + 9 = ☐	13 − 5 = ☐	8 + ☐ = 12	7 + 7 = ☐

Wir wissen, wie groß die Hälfte von 14 ist.

7 Lege 14 Plättchen und halbiere.

Wir wissen, wie groß das Doppelte von 7 ist.

Lege 7 Plättchen und verdopple.

Wir können Zerlegaufgaben bis 14 lösen.

Male das linke Bild ab. Die Rechnung sagt dir, wie du das rechte Bild fertig malen sollst.

1

14 = 7 + □

2

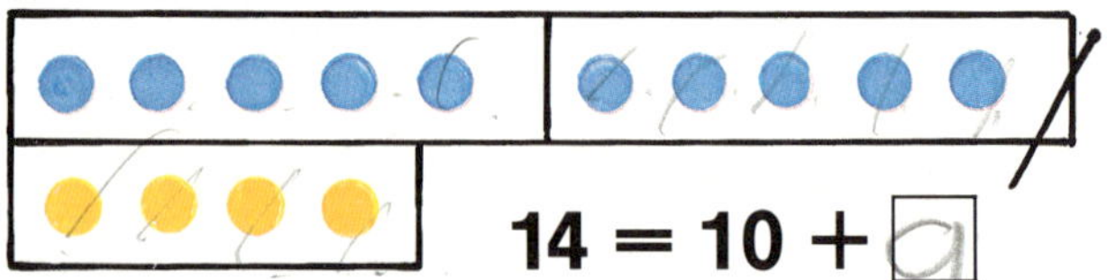

14 = 10 + □

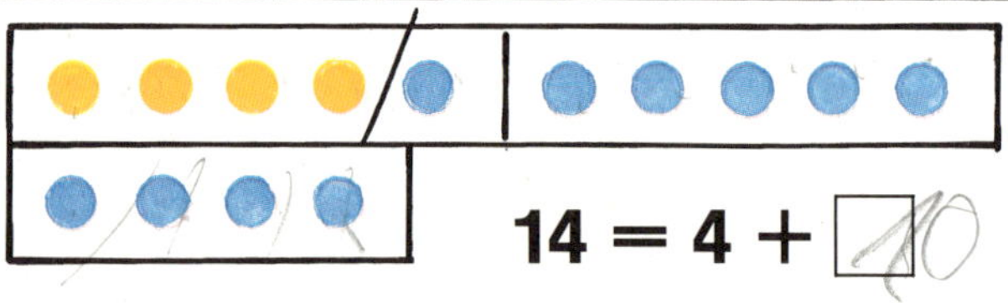

14 = 4 + □

3

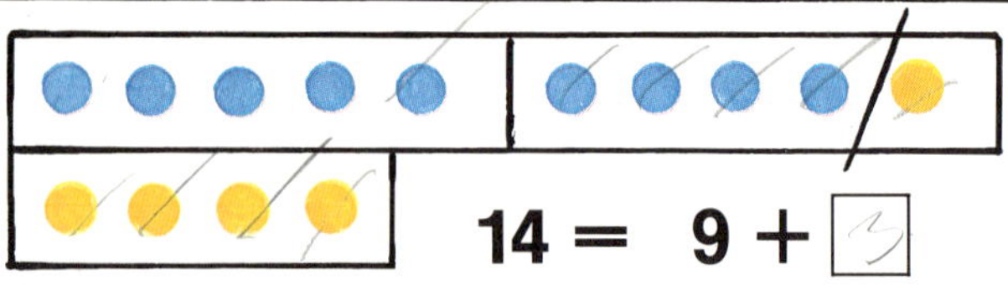

14 = 9 + □

14 = 5 + □

4

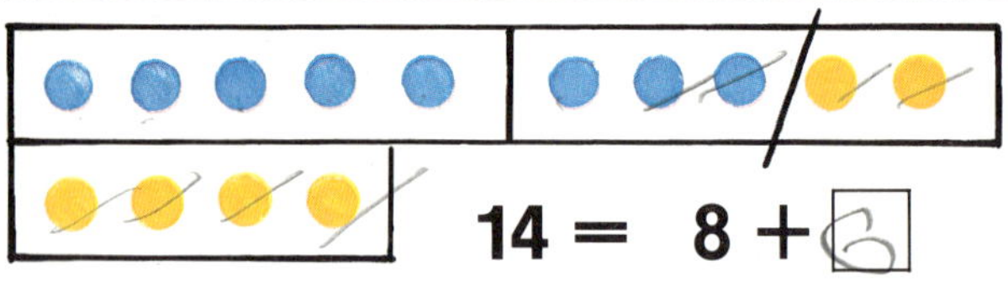

14 = 8 + □

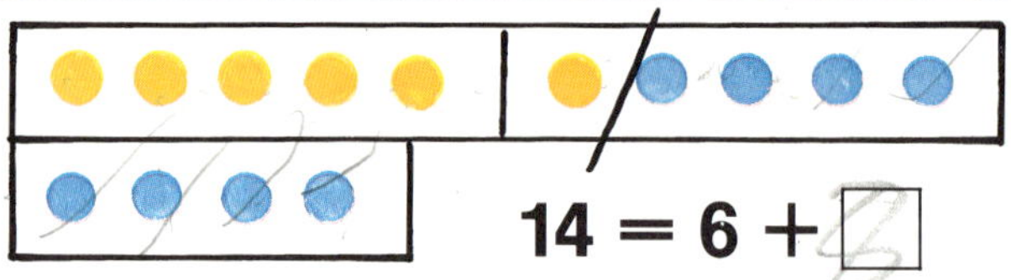

14 = 6 + □

5

14 = 11 + □	14 = 12 + □	14 = 10 + □	14 = 8 + □	14 = 7 + □	14 = 8 + □
14 = 10 + □	14 = 13 + □	14 = 9 + □	14 = 9 + □	14 = 8 + □	14 = 7 + □
14 = 11 + □	14 = 12 + □	13 = 10 + □	14 = 8 + □	13 = 9 + □	14 = 9 + □
14 = 10 + □	14 = 13 + □	14 = 9 + □	14 = 9 + □	14 = 7 + □	14 = 7 + □
14 = 11 + □	14 = 11 + □	14 = 10 + □	14 = 8 + □	14 = 8 + □	14 = 10 + □

6

14 = 6 + □	14 = 7 + □	14 = 5 + □	14 = 13 + □	14 = 8 + □	14 = 4 + □
14 = 7 + □	14 = 6 + □	14 = 4 + □	14 = 12 + □	14 = 7 + □	14 = 5 + □
14 = 6 + □	14 = 5 + □	14 = 5 + □	14 = 11 + □	14 = 6 + □	14 = 6 + □
14 = 7 + □	14 = 7 + □	14 = 4 + □	14 = 10 + □	14 = 5 + □	14 = 7 + □
14 = 5 + □	14 = 6 + □	14 = 5 + □	14 = 9 + □	14 = 4 + □	14 = 8 + □

7

14 Pf = 7 Pf + □ Pf	14 Pf = 9 Pf + □ Pf	14 Pf = 6 Pf + □ Pf
14 Pf = 6 Pf + □ Pf	14 Pf = 10 Pf + □ Pf	14 Pf = 8 Pf + □ Pf
14 Pf = 5 Pf + □ Pf	14 Pf = 4 Pf + □ Pf	14 Pf = 5 Pf + □ Pf
14 Pf = 8 Pf + □ Pf	14 Pf = 3 Pf + □ Pf	14 Pf = 7 Pf + □ Pf

Wir können Ergänzungsaufgaben bis 14 lösen.

Erzähle, was geschieht.

1

7 + ☐ = 14

2

8 + ☐ = 14

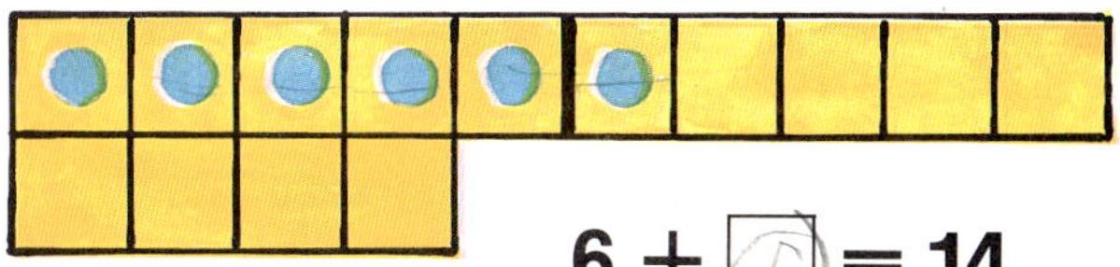

6 + ☐ = 14

3

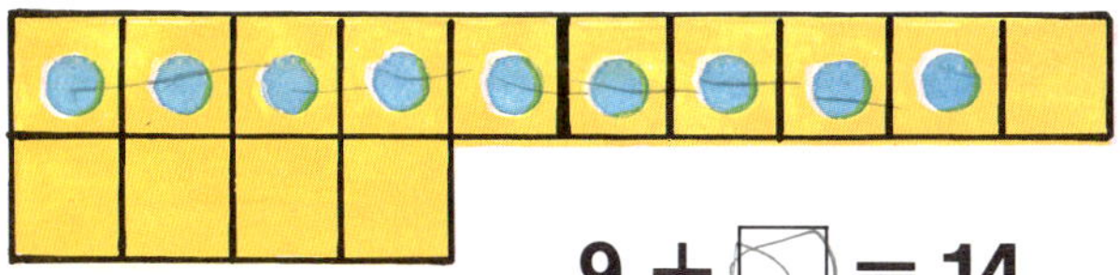

9 + ☐ = 14

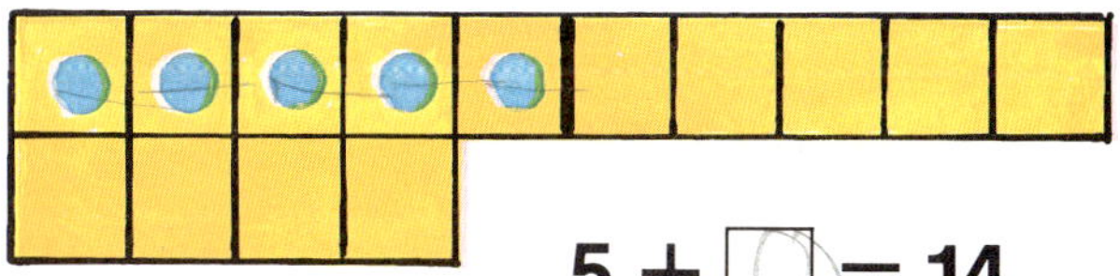

5 + ☐ = 14

4

10 + ☐ = 14

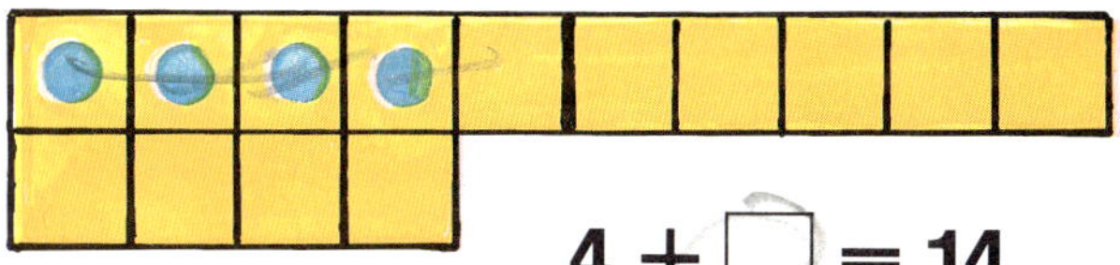

4 + ☐ = 14

5

4 + ☐ = 14	5 + ☐ = 14	6 + ☐ = 14	8 + ☐ = 14	4 + ☐ = 14	8 + ☐ = 14
5 + ☐ = 14	6 + ☐ = 14	7 + ☐ = 14	7 + ☐ = 14	5 + ☐ = 14	7 + ☐ = 14
4 + ☐ = 14	4 + ☐ = 14	6 + ☐ = 14	6 + ☐ = 14	6 + ☐ = 14	6 + ☐ = 14
5 + ☐ = 14	5 + ☐ = 14	7 + ☐ = 14	8 + ☐ = 14	7 + ☐ = 14	5 + ☐ = 14
4 + ☐ = 14	6 + ☐ = 14	6 + ☐ = 14	7 + ☐ = 14	8 + ☐ = 14	4 + ☐ = 14

6

9 + ☐ = 14	8 + ☐ = 13	10 + ☐ = 14	11 + ☐ = 14	12 + ☐ = 14	13 + ☐ = 14
8 + ☐ = 14	9 + ☐ = 14	9 + ☐ = 14	9 + ☐ = 14	11 + ☐ = 14	5 + ☐ = 14
9 + ☐ = 14	7 + ☐ = 14	10 + ☐ = 14	10 + ☐ = 14	10 + ☐ = 14	13 + ☐ = 14
7 + ☐ = 14	6 + ☐ = 14	9 + ☐ = 14	11 + ☐ = 14	11 + ☐ = 14	6 + ☐ = 14
9 + ☐ = 14	9 + ☐ = 14	10 + ☐ = 14	10 + ☐ = 14	12 + ☐ = 14	13 + ☐ = 14

7

Peter will sich ein Flugzeug kaufen.
Es kostet 14 Mark. Peter hat nur 10 Mark.
Wieviel Geld muß er noch sparen?

Er muß noch ☐ Mark sparen.

Wir kennen die Namen und die Reihenfolge der Wochentage.

1 Sage die Wochentage auf. Wie heißt der erste, der letzte Wochentag?

Montag	Dienstag	Mittwoch	Donnerstag	Freitag	Samstag	Sonntag

Wieviel Tage hat eine Woche?

Eine Woche hat ☐ Tage.

Wieviel Tage haben 2 Wochen?

Zwei Wochen haben ☐ Tage.

Wir kennen das Ein-, Zwei-, Fünfmarkstück und den Zehnmarkschein.

2 Zeige das Ein-, Zwei-, Fünfmarkstück, den Zehnmarkschein.

Wir wissen, daß DM Deutsche Mark heißt.

2 DM = 2 Deutsche Mark

3 **Wir wissen, daß 1 Zweimarkstück soviel wert ist wie 2 Einmarkstücke,**
daß 1 Fünfmarkstück soviel wert ist wie 5 Einmarkstücke,
daß 1 Zehnmarkschein soviel wert ist wie 10 Einmarkstücke.

4

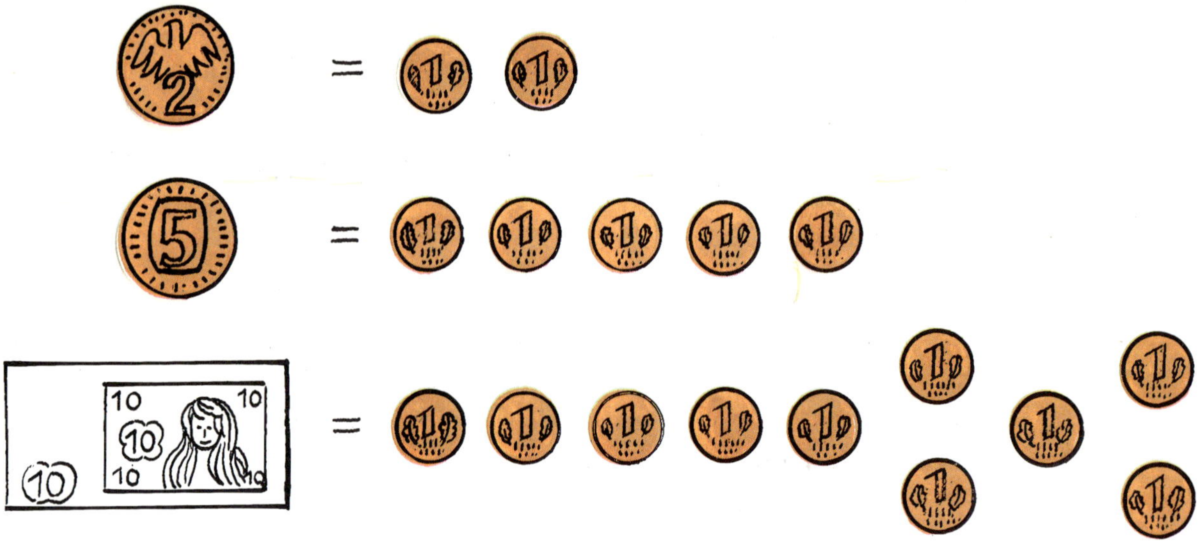

Wir können bei Beträgen bis zu 14 Mark sagen, wieviel Geld es ist.

5 Male das Geld ab. Schreibe dazu, wieviel es ist.

DM	DM	DM	DM

Wir können in Zahlen angegebene Markbeträge mit Geld legen und malen.

6 Lege und male das Geld. Nimm zuerst nur Einmarkstücke, dann auch anderes Geld.

5 DM	6 DM	7 DM	8 DM	9 DM	10 DM	11 DM	12 DM	13 DM	14 DM

Wir kennen die Menge und die Zahl 15.

1 Zähle die Plättchen. Lege und male sie. Schreibe dazu, wie viele es sind.

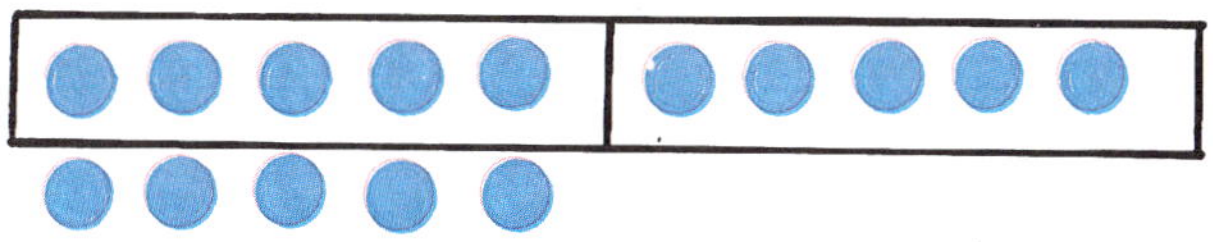

15

2 So kannst du die Menge 15 schneller malen:

Wir kennen die Reihenfolge der Zahlen bis 15.

3 Lege und male genauso. Welche Zahl steht hinter 14?
Nenne 3 Zahlen, die größer sind als 12, und 3 Zahlen, die kleiner sind als 12.

11 **12** **13** **14** **15**

Wir können 15 Dinge numerieren.

4 Lies die Nummern vor. Welche fehlt?
Zeige den 15. Fallschirmspringer. Der wievielte hat einen blauen Fallschirm?

Wir können fehlende Zahlen einsetzen.

5 Male das Kästchen ab. Trage die fehlenden Zahlen ein.

13		15

	13	14

13		

		13

	14	

Wir können die richtigen Zeichen einsetzen.

6 Schreibe die Zahlen ab. Setze > oder < dazwischen.

13 14	15 13	10 14	15 11	14 15

Wir können +Aufgaben bis 15 lösen.

Erzähle, was geschieht.

1

12 + 3 = □

2

11 + 4 = □

4 + 11 = □

9 + 6 = □

6 + 9 = □

3

10 + 5 = □

5 + 10 = □

8 + 7 = □

7 + 8 = □

4

9 + 1 = □	7 + 3 = □	5 + 5 = □	6 + 4 = □	9 + 6 = □
9 + 1 + 5 = □	7 + 3 + 5 = □	5 + 5 + 5 = □	6 + 4 + 5 = □	9 + 5 = □
9 + 6 = □	7 + 8 = □	5 + 10 = □	6 + 9 = □	9 + 6 = □
8 + 2 = □	12 + 3 = □	11 + 4 = □	9 + 4 = □	8 + 6 = □
8 + 2 + 5 = □	13 + 1 = □	11 + 3 = □	14 + 1 = □	9 + 6 = □
8 + 7 = □	13 + 2 = □	11 + 2 = □	9 + 5 = □	10 + 4 = □

5

5 + 10 = □	6 + 9 = □	8 + 5 = □	6 + 4 = □	5 + 5 = □
5 + 8 = □	7 + 8 = □	8 + 6 = □	7 + 4 = □	5 + 6 = □
12 + 3 = □	6 + 8 = □	8 + 7 = □	8 + 4 = □	5 + 7 = □
5 + 9 = □	7 + 8 = □	12 + 3 = □	9 + 4 = □	5 + 8 = □
5 + 10 = □	6 + 9 = □	8 + 4 = □	10 + 4 = □	5 + 9 = □
6 + 9 = □	11 + 4 = □	9 + 7 = □	11 + 4 = □	5 + 10 = □

6

1 DM + 4 DM = □ DM	2 DM + 3 DM = □ DM	3 DM + 2 DM = □ DM
11 DM + 4 DM = □ DM	12 DM + 3 DM = □ DM	13 DM + 2 DM = □ DM
2 Pf + 2 Pf = □ Pf	1 Pf + 3 Pf = □ Pf	4 Pf + 1 Pf = □ Pf
12 Pf + 2 Pf = □ Pf	11 Pf + 3 Pf = □ Pf	14 Pf + 1 Pf = □ Pf

Wir können –Aufgaben bis 15 lösen.

Erzähle, was geschieht.

1

15 – 5 = □

2

15 – 4 = □

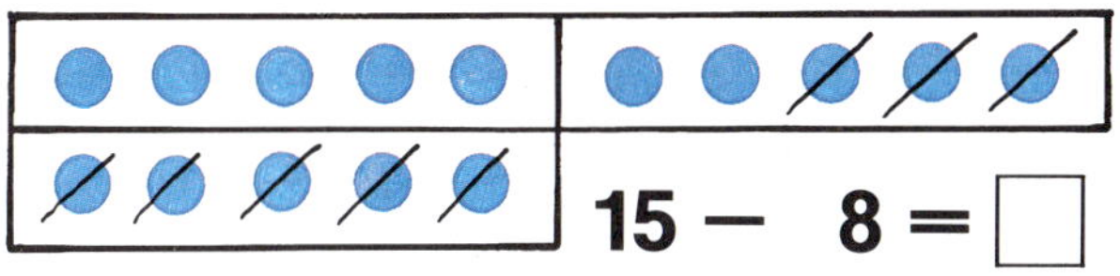

15 – 8 = □

3

15 – 6 = □

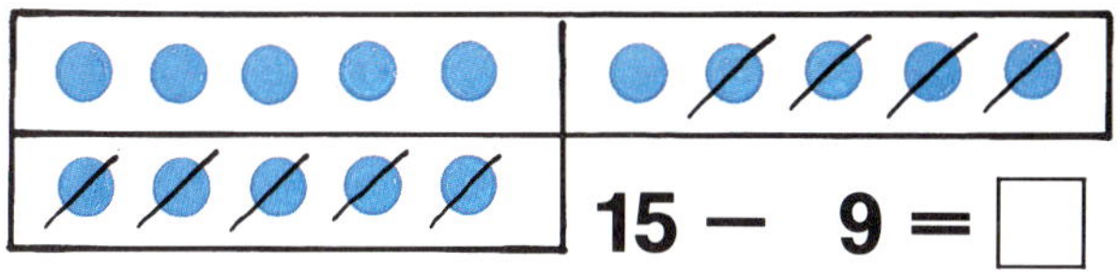

15 – 9 = □

4

15 – 7 = □

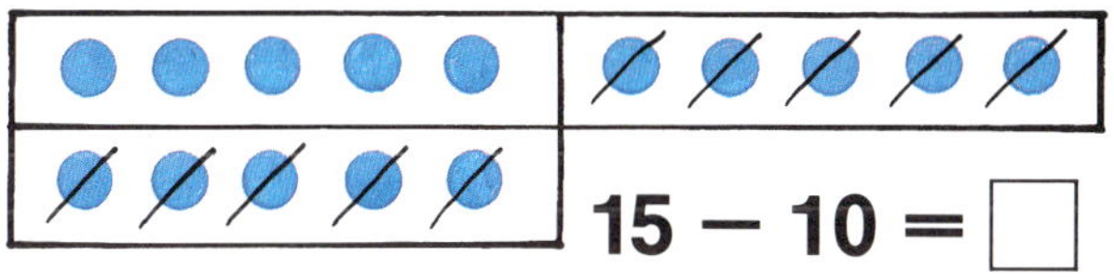

15 – 10 = □

5

15 – 5 = □	15 – 5 = □	15 – 5 = □	15 – 4 = □	15 – 7 = □
15 – 5 – 1 = □	15 – 5 – 3 = □	15 – 5 – 5 = □	15 – 6 = □	15 – 6 = □
15 – 6 = □	15 – 8 = □	15 – 10 □	15 – 7 = □	15 – 5 = □
15 – 5 = □	15 – 5 = □	15 – 1 = □	15 – 6 = □	15 – 4 = □
15 – 5 – 2 = □	15 – 5 – 4 = □	15 – 2 = □	15 – 5 = □	15 – 7 = □
15 – 7 = □	15 – 9 = □	15 – 3 = □	15 – 6 = □	15 – 6 = □

6

15 – 7 = □	15 – 8 = □	15 – 10 = □	15 – 1 = □	15 – 6 = □
15 – 8 = □	15 – 9 = □	15 – 9 = □	15 – 2 = □	15 – 7 = □
15 – 7 = □	15 – 8 = □	15 – 8 = □	15 – 3 = □	15 – 8 = □
15 – 8 = □	15 – 4 = □	15 – 9 = □	15 – 4 = □	15 – 9 = □
15 – 6 = □	15 – 9 = □	15 – 10 = □	15 – 5 = □	15 – 10 = □

7 Peter hat 15 Mark. Er verliert 4 Mark. Wieviel Geld hat er noch?

Peter hat noch □ Mark.

Wir können Zerlegaufgaben bis 15 lösen.

Erzähle, was geschieht.

1

15 = 12 + □

2

15 = 10 + □

15 = 5 + □

3

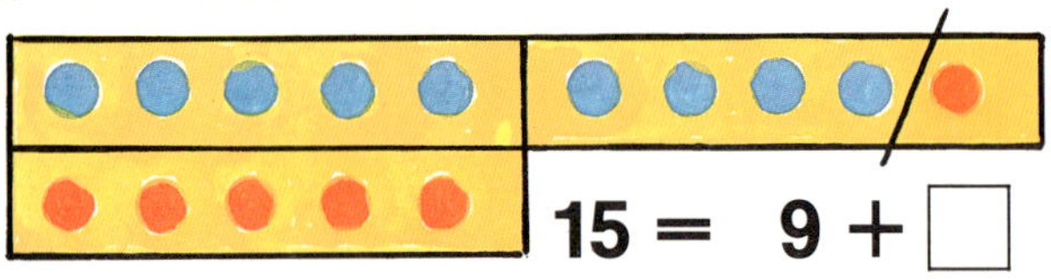

15 = 9 + □

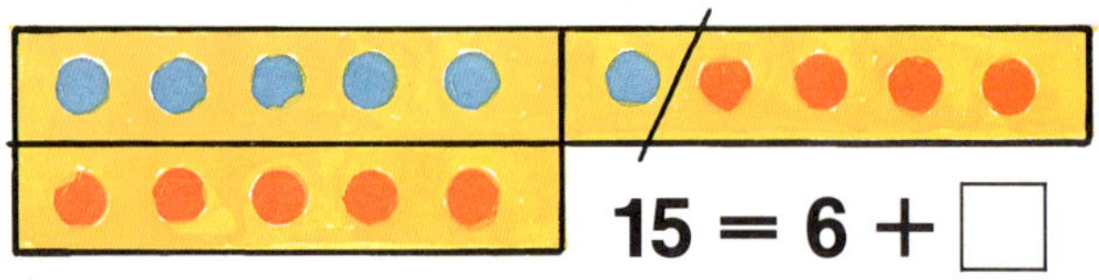

15 = 6 + □

4

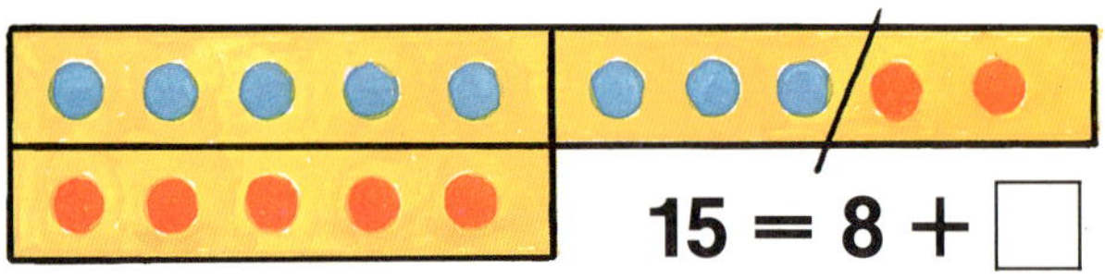

15 = 8 + □

15 = 7 + □

5

15 = 11 + □	15 = 9 + □	15 = 10 + □	15 = 9 + □	15 = 14 + □	15 = 9 + □
15 = 10 + □	14 = 10 + □	15 = 9 + □	15 = 13 + □	15 = 13 + □	15 = 10 + □
15 = 11 + □	15 = 11 + □	15 = 10 + □	15 = 9 + □	15 = 12 + □	15 = 11 + □
15 = 9 + □	15 = 12 + □	15 = 9 + □	15 = 11 + □	15 = 11 + □	15 = 10 + □
15 = 10 + □	15 = 13 + □	15 = 14 + □	15 = 9 + □	15 = 10 + □	15 = 9 + □

6

15 = 7 + □	15 = 8 + □	15 = 7 + □	15 = 6 + □	15 = 5 + □	15 = 5 + □
15 = 8 + □	15 = 9 + □	15 = 8 + □	15 = 7 + □	15 = 6 + □	15 = 6 + □
15 = 7 + □	15 = 8 + □	15 = 9 + □	15 = 6 + □	15 = 7 + □	15 = 5 + □
15 = 8 + □	15 = 7 + □	15 = 8 + □	15 = 5 + □	15 = 6 + □	15 = 6 + □
15 = 7 + □	15 = 8 + □	15 = 7 + □	15 = 6 + □	15 = 5 + □	15 = 5 + □

7

10 Pf + 5 Pf = □ Pf	15 Pf − 8 Pf = □ Pf	15 Pf − 6 Pf = □ Pf
15 Pf − 10 Pf = □ Pf	9 Pf + 6 Pf = □ Pf	7 Pf + 8 Pf = □ Pf
8 Pf + 6 Pf = □ Pf	15 Pf − 9 Pf = □ Pf	15 Pf − 5 Pf = □ Pf
15 Pf − 7 Pf = □ Pf	4 Pf + 9 Pf = □ Pf	3 Pf + 8 Pf = □ Pf

Wir können Ergänzungsaufgaben bis 15 lösen.

Erzähle, was geschieht.

1

12 + □ = 15

2

8 + □ = 15

7 + □ = 15

3

9 + □ = 15

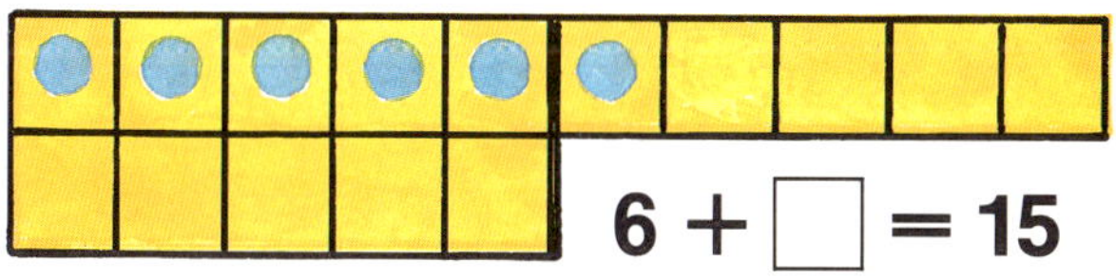

6 + □ = 15

4

10 + □ = 15

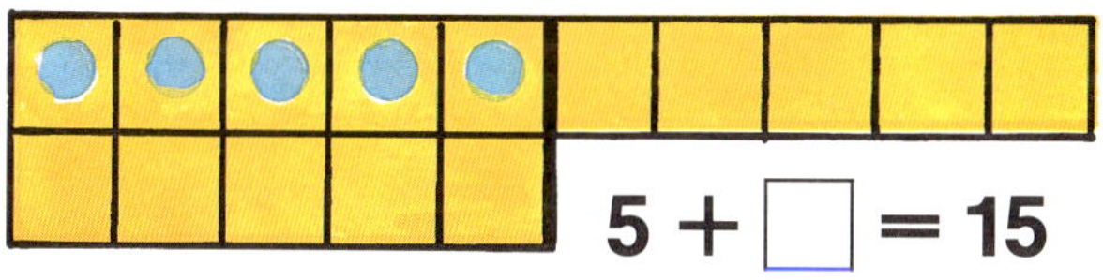

5 + □ = 15

5

5 + □ = 15	7 + □ = 15	5 + □ = 15	8 + □ = 15	6 + □ = 15	5 + □ = 15
6 + □ = 15	6 + □ = 15	6 + □ = 15	7 + □ = 15	7 + □ = 15	6 + □ = 15
5 + □ = 15	5 + □ = 15	7 + □ = 15	8 + □ = 15	8 + □ = 15	7 + □ = 15
6 + □ = 15	6 + □ = 15	6 + □ = 15	7 + □ = 15	7 + □ = 15	8 + □ = 15
5 + □ = 15	7 + □ = 15	5 + □ = 15	8 + □ = 15	8 + □ = 15	5 + □ = 15

6

8 + □ = 15	9 + □ = 15	9 + □ = 15	10 + □ = 15	13 + □ = 15	10 + □ = 15
9 + □ = 15	7 + □ = 15	8 + □ = 15	9 + □ = 15	14 + □ = 15	11 + □ = 15
8 + □ = 15	9 + □ = 15	7 + □ = 15	10 + □ = 13	13 + □ = 15	12 + □ = 15
9 + □ = 15	8 + □ = 15	6 + □ = 15	11 + □ = 15	12 + □ = 15	13 + □ = 15
8 + □ = 15	9 + □ = 15	5 + □ = 15	12 + □ = 15	11 + □ = 15	14 + □ = 15

7 Von 15 Kindern haben 10 Kinder die Theaterkarte bezahlt.
Wieviel Kinder müssen noch bezahlen? □ Kinder müssen noch bezahlen.

8 Von 14 Tassen hat die Mutter 7 Tassen eingeräumt.
Wieviel Tassen muß sie noch einräumen? Sie muß □ Tassen einräumen.

Wir wissen, daß 3 mal 5 fünfzehn sind, daß 5 mal 3 auch fünfzehn sind.

Lege Fünfer- und Dreierstreifen genauso.

1

$3 + 3 + 3 + 3 + 3 = 15$

$5 \cdot 3 = 15$

2

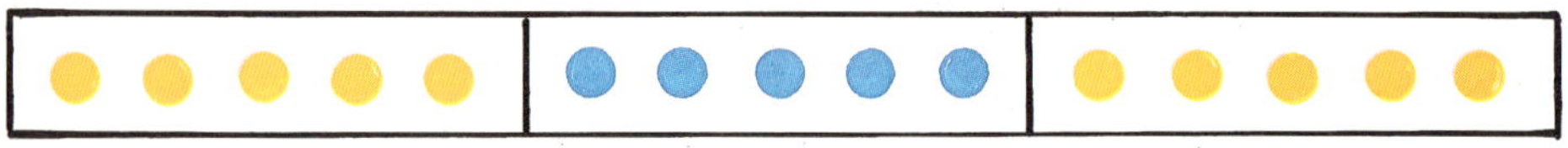

$5 + 5 + 5 = 15$

$3 \cdot 5 = 15$

3

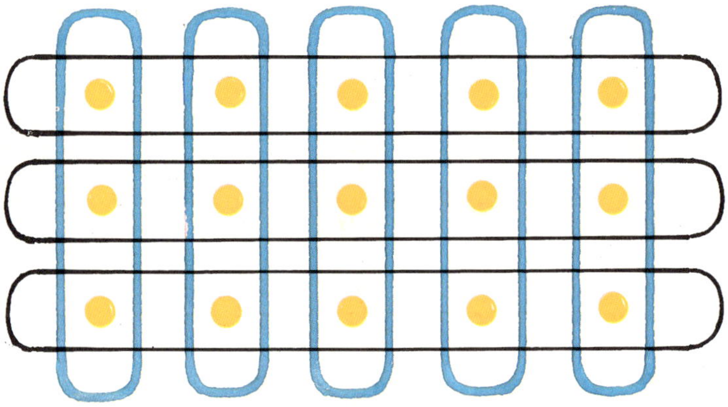

$5 \cdot 3 = 3 \cdot 5$

4

5 + 5 = □	3 + 3 = □	3 + 3 + 3 + 3 = □	3 · 2 = □
3 · 5 = □	2 · 3 = □	4 · 3 = □	3 · 3 = □
5 + 5 + 5 = □	3 + 3 + 3 = □	3 + 3 + 3 + 3 + 3 = □	3 · 4 = □
3 · 5 = □	3 · 3 = □	5 · 3 = □	3 · 5 = □

Welche Malaufgaben passen dazu? Schreibe sie auf.

5

2 · 2 = □ 3 · □ = □ □ · □ = □ □ · □ = □

6

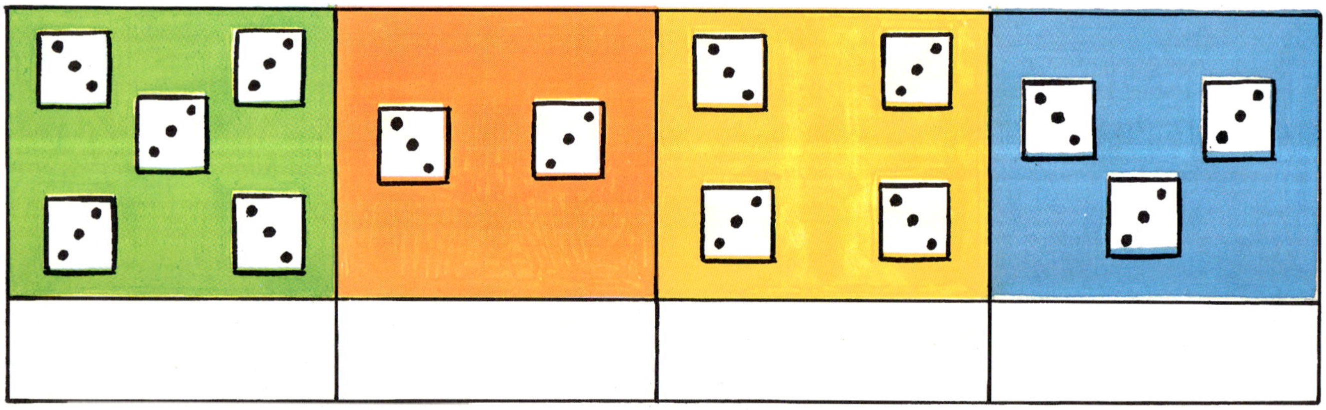

Wir kennen die Menge und die Zahl 16.

1 Zähle die Plättchen. Lege und male sie. Schreibe dazu, wie viele es sind.

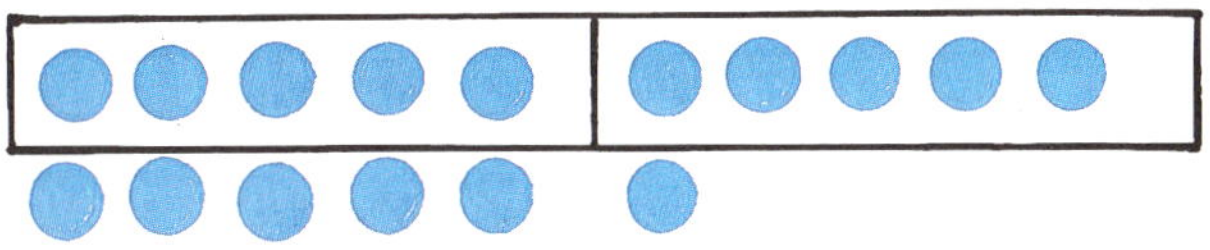

16

2 So kannst du die Menge 16 schneller malen:

Wir kennen die Reihenfolge der Zahlen bis 16.

3 Lege und male genauso. Welche Zahl steht hinter 15?
Nenne 3 Zahlen, die größer sind als 13, und 3 Zahlen, die kleiner sind als 13.

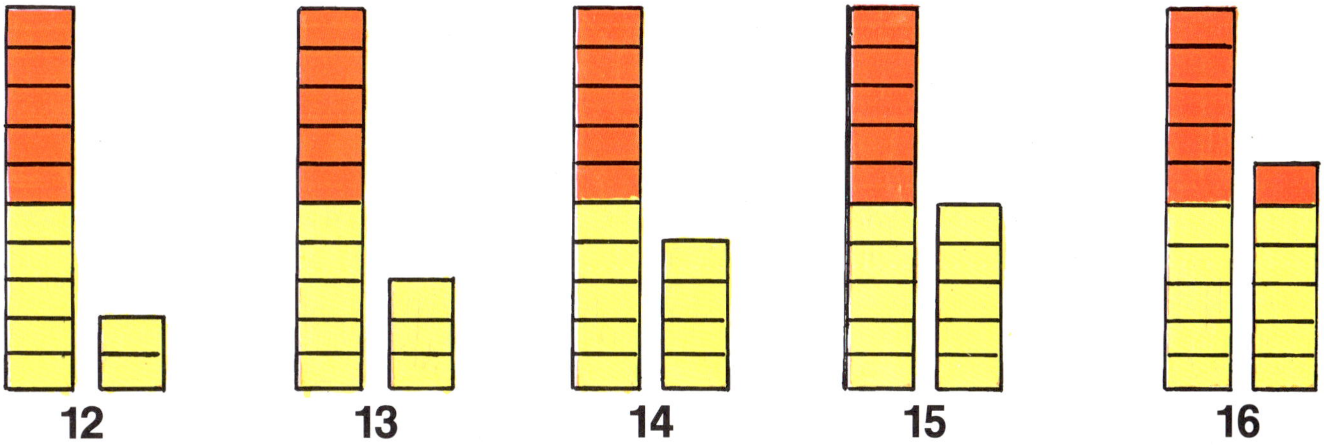

Wir können 16 Dinge numerieren.

4 Lies die Nummern vor. Welche fehlt?
Zeige den 16. Vogel.
Der wievielte Vogel hat blauen Federn?

Wir können fehlende Zahlen einsetzen.

5 Male die Kästchen ab. Trage die fehlenden Zahlen ein.

14		16

	14	15

14		

		14

	15	

Wir können die richtigen Zeichen einsetzen.

6 Schreibe die Zahlen ab. Setze > oder < dazwischen.

14 15	16 14	11 15	16 12	15 16

Wir können +Aufgaben bis 16 lösen.

Erzähle, was geschieht.

1

8 + 8 = ☐

2

10 + 6 = ☐

9 + 7 = ☐

3

6 + 10 = ☐

7 + 9 = ☐

4

9 + 1 = ☐	7 + 3 = ☐	8 + 2 = ☐	6 + 4 = ☐	6 + 4 = ☐
9 + 1 + 6 = ☐	7 + 3 + 6 = ☐	8 + 2 + 6 = ☐	6 + 4 + 6 = ☐	6 + 4 + 6 = ☐
9 + 7 = ☐	7 + 9 = ☐	8 + 8 = ☐	6 + 10 = ☐	6 + 10 = ☐
8 + 2 = ☐	11 + 2 = ☐	9 + 1 = ☐	7 + 3 = ☐	8 + 5 = ☐
8 + 2 + 6 = ☐	12 + 3 = ☐	9 + 1 + 6 = ☐	7 + 3 + 6 = ☐	8 + 6 = ☐
8 + 8 = ☐	13 + 3 = ☐	9 + 7 = ☐	7 + 9 = ☐	9 + 7 = ☐

5

10 + 6 = ☐	1 + 5 = ☐	7 + 9 = ☐	5 + 1 = ☐	8 + 5 = ☐
9 + 6 = ☐	11 + 5 = ☐	8 + 8 = ☐	15 + 1 = ☐	9 + 7 = ☐
10 + 6 = ☐	2 + 4 = ☐	7 + 8 = ☐	9 + 7 = ☐	10 + 6 = ☐
8 + 6 = ☐	12 + 4 = ☐	11 + 4 = ☐	10 + 5 = ☐	11 + 5 = ☐
10 + 6 = ☐	3 + 2 = ☐	4 + 2 = ☐	8 + 8 = ☐	12 + 4 = ☐
9 + 6 = ☐	13 + 2 = ☐	14 + 2 = ☐	9 + 4 = ☐	13 + 3 = ☐

6

Rechne so:

5 + 2 =

5 + 3 =

5 + 4 =

5 + 5 =

Wir können —Aufgaben bis 16 lösen.

Erzähle, was geschieht.

1

16 − 4 = □

2

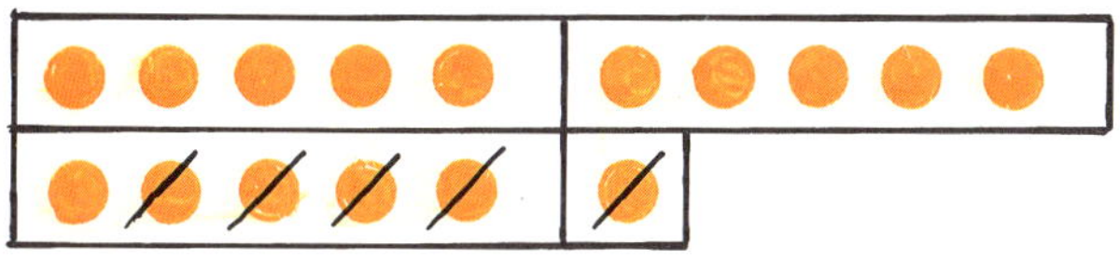

16 − 5 = □

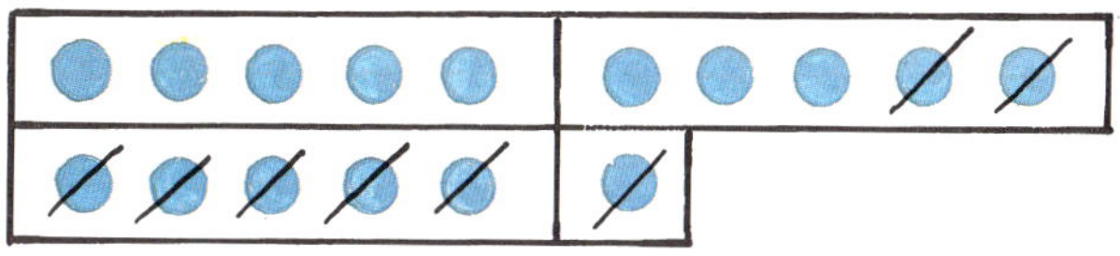

16 − 8 = □

3

16 − 6 = □

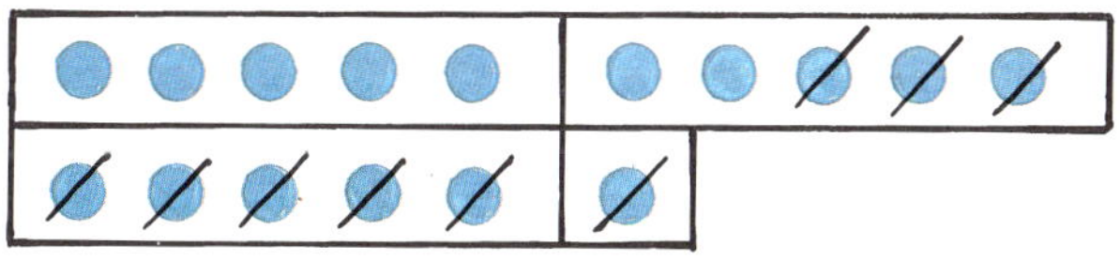

16 − 9 = □

4

16 − 7 = □

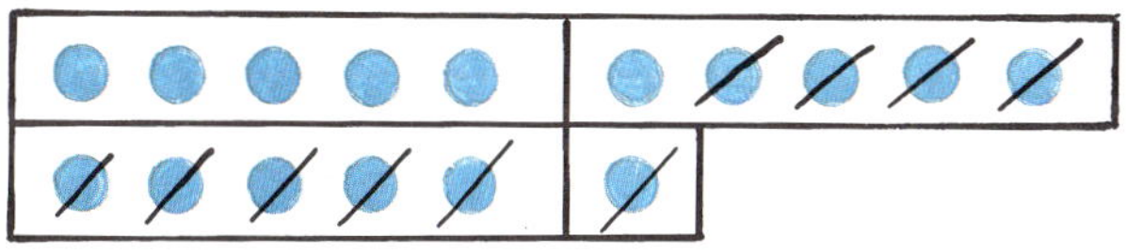

16 − 10 = □

5

16 − 6 = □	16 − 6 = □	16 − 1 = □	16 − 6 = □	16 − 5 = □
16 − 6 − 1 = □	16 − 6 − 3 = □	16 − 2 = □	16 − 5 = □	16 − 6 = □
16 − 7 = □	16 − 9 = □	16 − 3 = □	16 − 4 = □	16 − 7 = □
16 − 6 = □	16 − 6 = □	16 − 4 = □	16 − 3 = □	16 − 8 = □
16 − 6 − 2 = □	16 − 6 − 4 = □	16 − 5 = □	16 − 2 = □	16 − 9 = □
16 − 8 = □	16 − 10 = □	16 − 6 = □	16 − 1 = □	16 − 10 = □

6

16 − 7 = □	15 − 7 = □	16 − 8 = □	16 − 9 = □	6 − 2 = □
16 − 6 = □	16 − 7 = □	16 − 9 = □	16 − 10 = □	16 − 2 = □
16 − 7 = □	16 − 8 = □	16 − 8 = □	14 − 8 = □	6 − 3 = □
16 − 6 = □	16 − 7 = □	16 − 9 = □	16 − 9 = □	16 − 3 = □
16 − 7 = □	16 − 8 = □	16 − 10 = □	16 − 10 = □	16 − 5 = □

7 Ein Mann hat 16 Luftballons. Er verkauft 6.
Wieviel Luftballons hat er dann noch?
Er hat noch □ Luftballons.

Wir können Zerlegaufgaben bis 16 lösen.

Erzähle, was geschieht.

1

16 = 6 + □

2

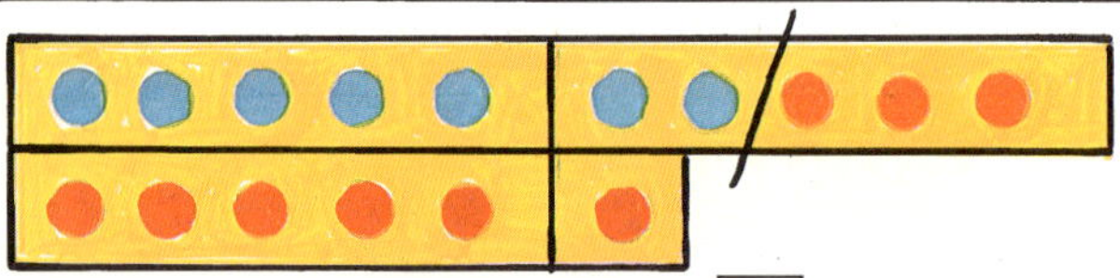

16 = 7 + □

16 = 9 + □

3

16 = 8 + □

16 = 10 + □

4

16 = 6 + □	16 = 7 + □	16 = 16 + □	16 = 11 + □	16 = 11 + □	16 = 13 + □
16 = 7 + □	16 = 8 + □	16 = 9 + □	16 = 10 + □	16 = 12 + □	16 = 12 + □
16 = 6 + □	16 = 9 + □	16 = 8 + □	16 = 11 + □	16 = 10 + □	16 = 11 + □
16 = 7 + □	16 = 7 + □	16 = 10 + □	16 = 10 + □	16 = 11 + □	16 = 13 + □
16 = 8 + □	16 = 8 + □	16 = 9 + □	16 = 9 + □	16 = 12 + □	16 = 12 + □
16 = 6 + □	16 = 9 + □	16 = 8 + □	16 = 10 + □	16 = 9 + □	16 = 11 + □

5

16 = 14 + □	16 = 15 + □	6 = 5 + □	6 = 2 + □	16 = 15 + □	16 = 6 + □
16 = 13 + □	16 = 14 + □	16 = 15 + □	16 = 12 + □	16 = 14 + □	16 = 7 + □
16 = 12 + □	16 = 13 + □	6 = 4 + □	6 = 1 + □	16 = 13 + □	16 = 8 + □
16 = 14 + □	16 = 15 + □	16 = 14 + □	16 = 11 + □	16 = 12 + □	16 = 9 + □
16 = 13 + □	16 = 14 + □	6 = 3 + □	15 = 8 + □	16 = 11 + □	16 = 10 + □
16 = 12 + □	16 = 13 + □	16 = 12 + □	16 = 7 + □	16 = 10 + □	16 = 11 + □

6 Hans kauft ein. Er hat 10 Mark dabei.
Er kauft ein Buch für 4 Mark. Wieviel Geld hat er dann noch?
Er hat noch □ Mark.

7

16 DM = 1 DM + □ DM	16 DM = 4 DM + □ DM	16 DM = 7 DM + □ DM
16 DM = 2 DM + □ DM	16 DM = 5 DM + □ DM	16 DM = 8 DM + □ DM
16 DM = 3 DM + □ DM	16 DM = 6 DM + □ DM	16 DM = 9 DM + □ DM

Wir können Ergänzungsaufgaben bis 16 lösen.

Erzähle, was geschieht.

1

12 + □ = 16

2

11 + □ = 16

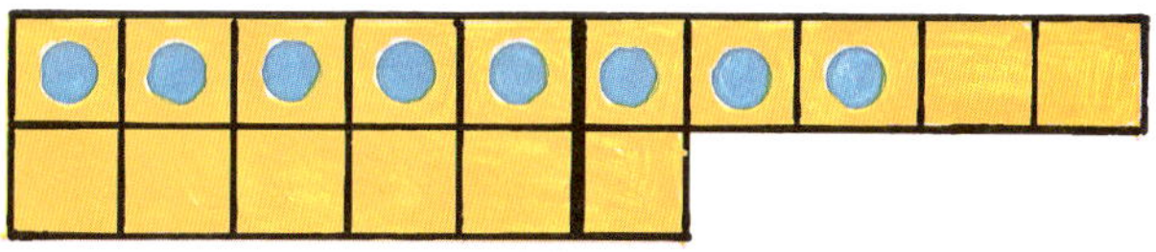

8 + □ = 16

3

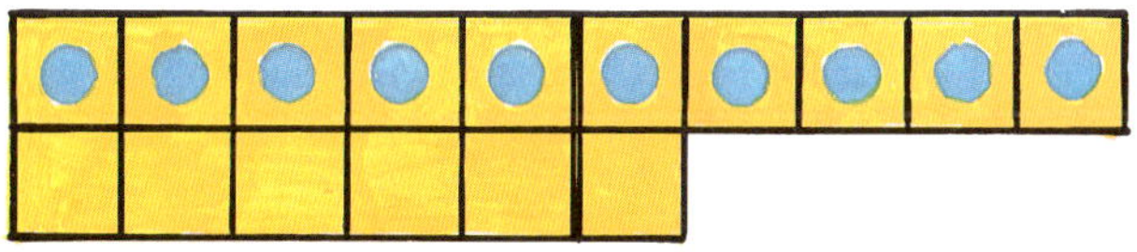

10 + □ = 16

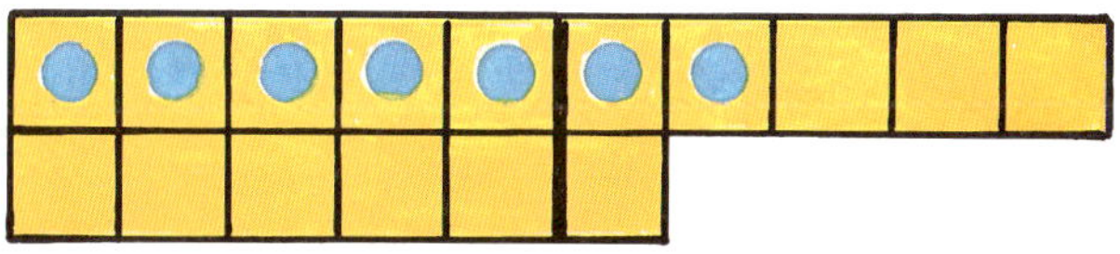

7 + □ = 16

4

9 + □ = 16

6 + □ = 16

5

6 + □ = 16	7 + □ = 16	8 + □ = 16	9 + □ = 16	10 + □ = 16	11 + □ = 16
7 + □ = 16	8 + □ = 16	7 + □ = 16	8 + □ = 16	9 + □ = 16	10 + □ = 16
6 + □ = 16	7 + □ = 16	6 + □ = 16	7 + □ = 16	10 + □ = 16	11 + □ = 16
7 + □ = 16	6 + □ = 16	8 + □ = 16	8 + □ = 16	9 + □ = 16	10 + □ = 16
6 + □ = 16	7 + □ = 16	7 + □ = 16	9 + □ = 16	10 + □ = 16	9 + □ = 16

6

7 + □ = 16	12 + □ = 16	13 + □ = 16	14 + □ = 16	15 + □ = 16	11 + □ = 16
8 + □ = 16	11 + □ = 16	12 + □ = 16	13 + □ = 16	14 + □ = 16	12 + □ = 16
9 + □ = 16	12 + □ = 16	11 + □ = 16	14 + □ = 16	13 + □ = 16	13 + □ = 16
10 + □ = 16	10 + □ = 14	13 + □ = 16	13 + □ = 16	15 + □ = 16	14 + □ = 16
11 + □ = 16	12 + □ = 16	12 + □ = 16	12 + □ = 16	14 + □ = 16	15 + □ = 16

7

Ein Glas Honig kostet 4 Mark.
Was kosten 2 Gläser?
Male die Gläser und das Geld.

2 Gläser Honig kosten □ Mark.

Wir wissen, daß 2 mal 8 sechzehn sind, daß 8 mal 2 sechzehn sind, daß 4 mal 4 auch sechzehn sind.

Lege genauso mit Streifen.

1

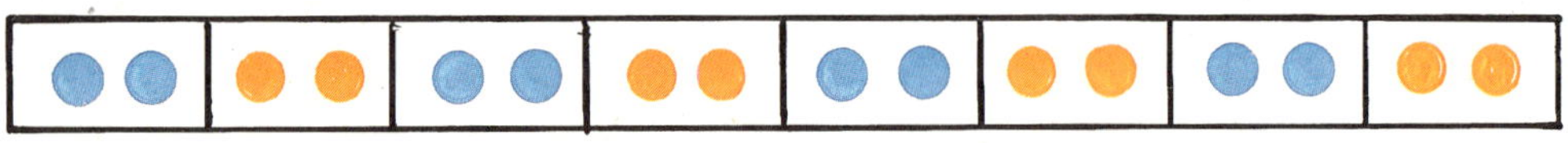

$2 + 2 + 2 + 2 + 2 + 2 + 2 + 2 = 16$

$8 \cdot 2 = 16$

2

$8 + 8 = 16$

$2 \cdot 8 = 16$

3

$4 + 4 + 4 + 4 = 16$

$4 \cdot 4 = 16$

4

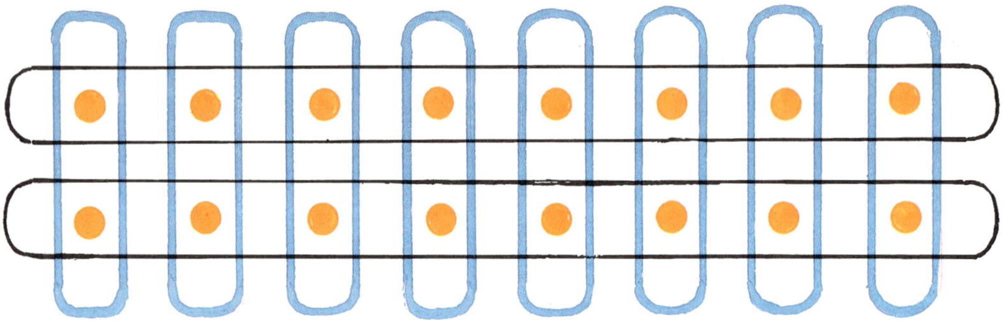

$8 \cdot 2 = 2 \cdot 8$

Male die Kästchen ab.
Trage die Zweierzahlen ein.

5

	2		4		6		8		10
	12		14		16				

Male die Kästchen ab.
Trage die Achterzahlen ein.

							8		
					16				

6

$2 + 8 =$ ☐	$8 + 2 =$ ☐	$4 + 4 =$ ☐	$4 + 3 =$ ☐	$6 + 2 =$ ☐	$4 \cdot 4 =$ ☐
$2 \cdot 8 =$ ☐	$8 \cdot 2 =$ ☐	$4 \cdot 4 =$ ☐	$4 \cdot 3 =$ ☐	$6 \cdot 2 =$ ☐	$2 \cdot 5 =$ ☐
$2 + 5 =$ ☐	$5 + 2 =$ ☐	$3 + 4 =$ ☐	$2 + 6 =$ ☐	$2 \cdot 8 =$ ☐	$8 \cdot 2 =$ ☐
$2 \cdot 5 =$ ☐	$5 \cdot 2 =$ ☐	$3 \cdot 4 =$ ☐	$2 \cdot 6 =$ ☐	$3 \cdot 4 =$ ☐	$4 \cdot 4 =$ ☐

Wir wissen, wie groß die Hälfte von 16 ist.
Lege 16 Plättchen und halbiere.

Wir wissen, wie groß das Doppelte von 8 ist.
Lege 8 Plättchen und verdopple.

7

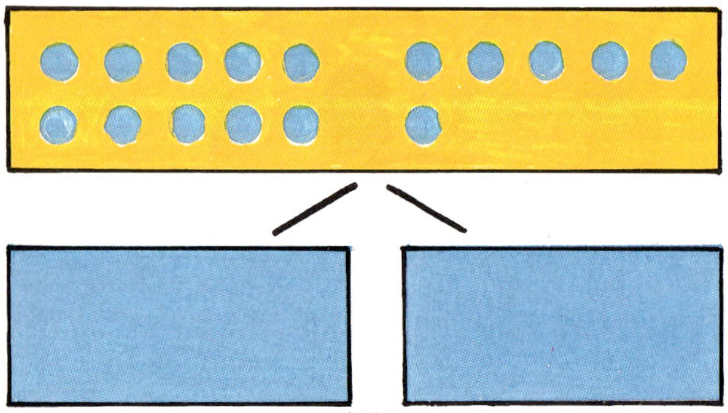

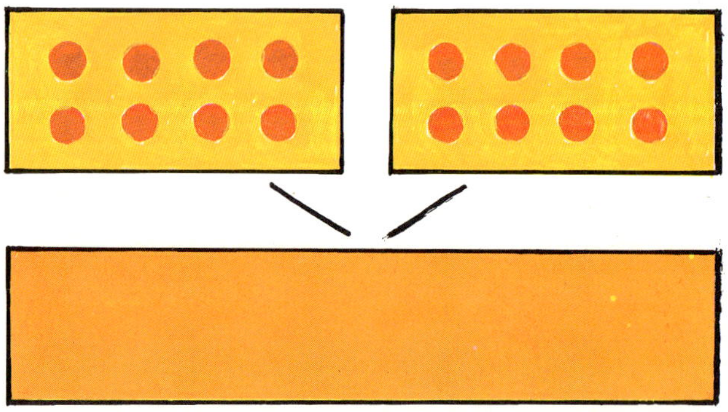

Wir kennen die Menge und die Zahl 17.

1 Zähle die Plättchen. Lege und male sie. Schreibe dazu, wie viele es sind.

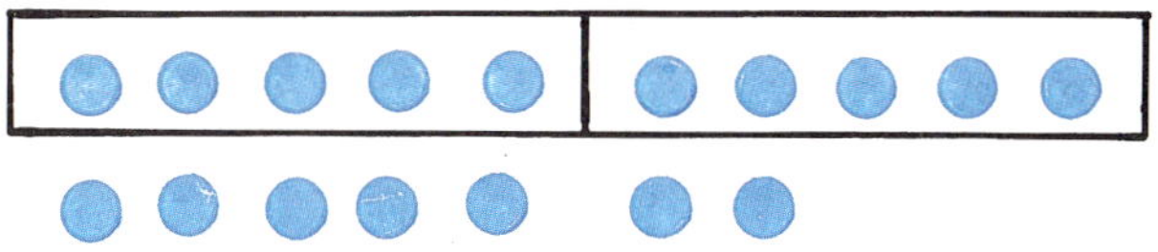

17

2 So kannst du die Menge 17 schneller malen:

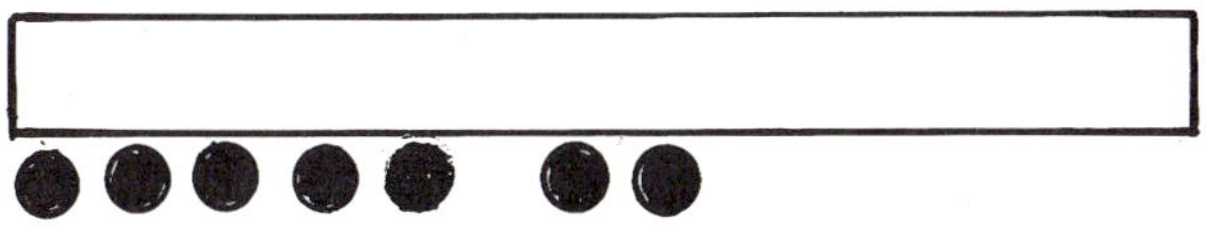

Wir kennen die Reihenfolge der Zahlen bis 17.

3 Lege und male genauso. Welche Zahl steht hinter 16?
Nenne 3 Zahlen, die größer sind als 14, und 3 Zahlen, die kleiner sind als 14.

13 **14** **15** **16** **17**

Wir können 17 Dinge numerieren.

4 Lies die Nummern vor. Welche fehlt?
Zeige das 17. Kind.
Das wievielte Kind hat einen roten Schirm?

1. **3.** **4.** **5.** **6.** **7.** **8.** **9.** **10.**

11. **12.** **13.** **14.** **15.** **16.** **17**

Wir können fehlende Zahlen einsetzen.

5 Male die Kästchen ab. Trage die fehlenden Zahlen ein.

15		17

	15	16

15		

		15

	16	

Wir können passende Zahlen einsetzen.

6 Setze passende Zahlen ein.

3 <	12 >	12 <	> 15	< 17

Wir können +Aufgaben bis 17 lösen.

Erzähle, was geschieht.

1

12 + 5 = □

2

11 + 6 = □

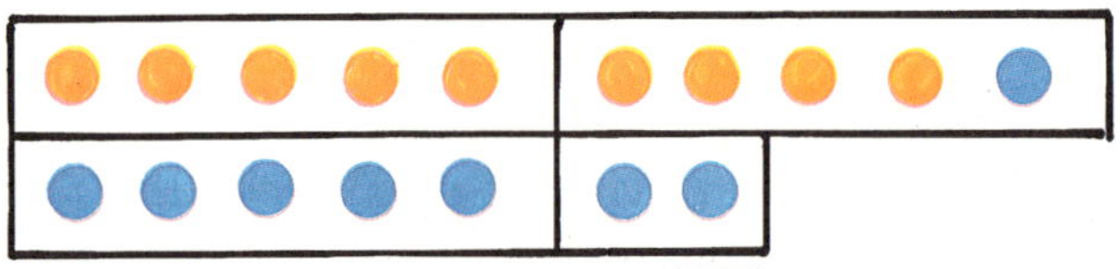

9 + 8 = □

3

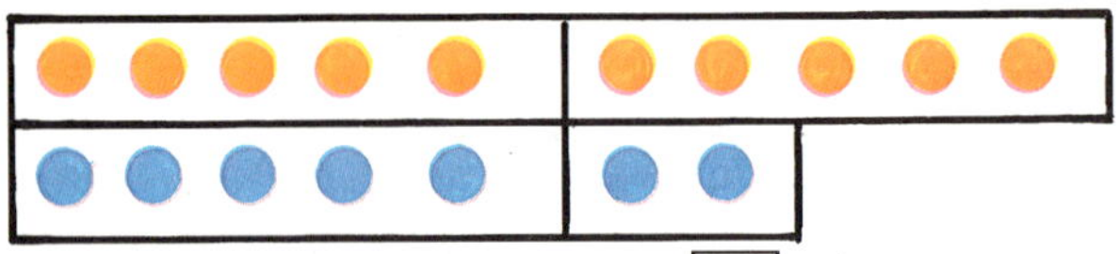

10 + 7 = □

8 + 9 = □

4

7+3 = □	9+1 = □	8+9 = □	8+2 = □	9+6 = □
7+3+7 = □	9+1+7 = □	10+4 = □	8+2+7 = □	9+8 = □
7+10 = □	9+8 = □	9+6 = □	8+9 = □	9+7 = □
11+4 = □	10+5 = □	9+7 = □	8+8 = □	8+8 = □
1+6 = □	10+6 = □	9+8 = □	8+9 = □	10+7 = □
11+6 = □	10+7 = □	7+10 = □	9+5 = □	9+8 = □

5

8+8 = □	3+4 = □	5+2 = □	8+9 = □	11+6 = □
8+9 = □	13+4 = □	15+2 = □	14+3 = □	15+2 = □
8+8 = □	7+5 = □	8+3 = □	4+7 = □	4+8 = □
7+6 = □	7+4 = □	8+4 = □	9+8 = □	12+5 = □
2+5 = □	4+3 = □	6+1 = □	5+7 = □	4+7 = □
12+5 = □	14+3 = □	16+1 = □	10+7 = □	13+4 = □

6

9 DM + 7 DM = □ DM	11 DM + 5 DM = □ DM	8 DM + 8 DM = □ DM
9 DM + 8 DM = □ DM	11 DM + 6 DM = □ DM	8 DM + 9 DM = □ DM
10 DM + 6 DM = □ DM	6 DM + 6 DM = □ DM	8 DM + 7 DM = □ DM
10 DM + 7 DM = □ DM	12 DM + 4 DM = □ DM	13 DM + 3 DM = □ DM
3 DM + 8 DM = □ DM	12 DM + 5 DM = □ DM	13 DM + 4 DM = □ DM

Wir können —Aufgaben bis 17 lösen.

Erzähle, was geschieht.

1

17 − 2 = ☐

2

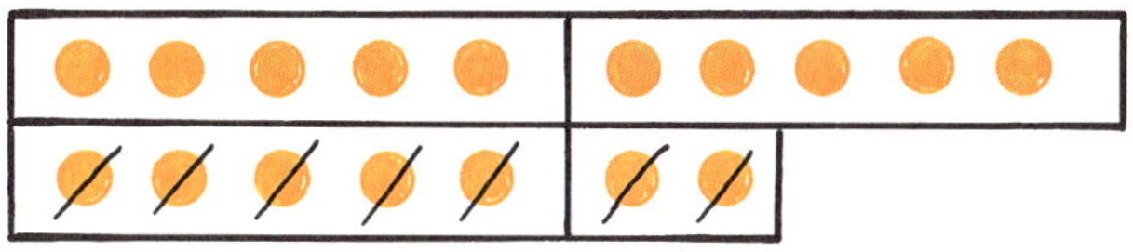

17 − 7 = ☐

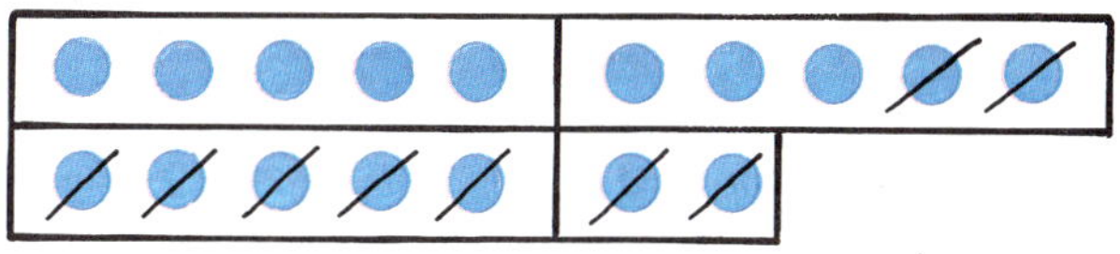

17 − 9 = ☐

3

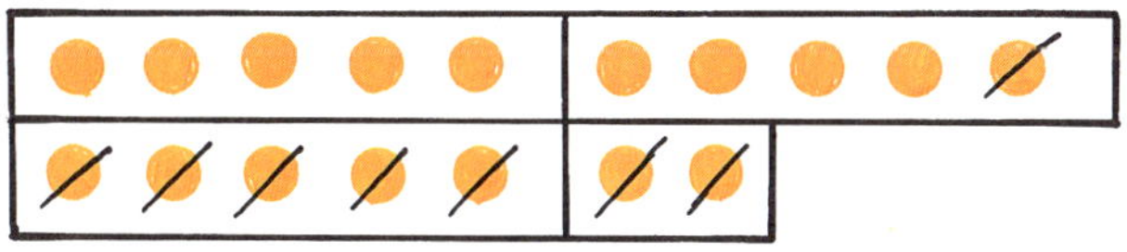

17 − 8 = ☐

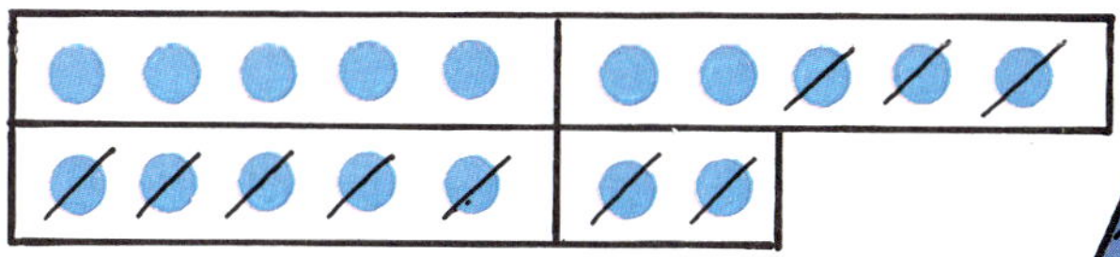

17 − 10 = ☐

Welche Rechnung paßt dazu? Schreibe sie auf.

4

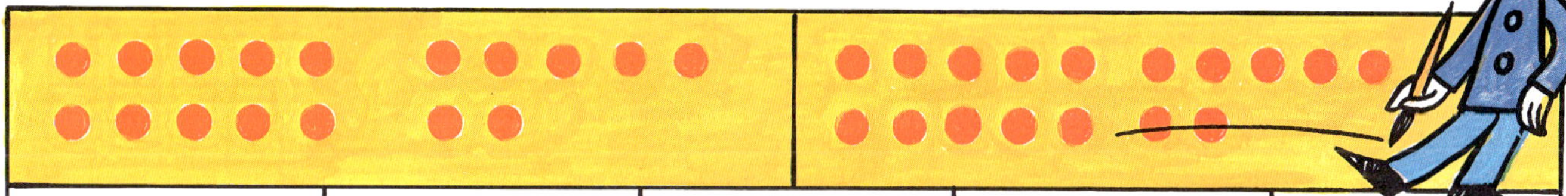

5

17 − 7 = ☐	17 − 7 = ☐	17 − 8 = ☐	17 − 10 = ☐	17 − 5 = ☐
17 − 7 − 1 = ☐	17 − 7 − 3 = ☐	17 − 9 = ☐	17 − 9 = ☐	17 − 6 = ☐
17 − 8 = ☐	17 − 10 = ☐	17 − 10 = ☐	17 − 8 = ☐	17 − 7 = ☐
17 − 7 = ☐	17 − 11 = ☐	17 − 8 = ☐	17 − 7 = ☐	17 − 8 = ☐
17 − 7 − 2 = ☐	17 − 8 = ☐	17 − 9 = ☐	17 − 6 = ☐	17 − 9 = ☐
17 − 9 = ☐	17 − 9 = ☐	17 − 10 = ☐	17 − 5 = ☐	17 − 10 = ☐

6

7 − 1 = ☐	7 − 3 = ☐	7 − 5 = ☐	7 − 7 = ☐	17 − 5 = ☐
17 − 1 = ☐	17 − 3 = ☐	17 − 5 = ☐	17 − 7 = ☐	17 − 4 = ☐
16 − 8 = ☐	15 − 6 = ☐	14 − 5 = ☐	17 − 17 = ☐	17 − 3 = ☐
7 − 2 = ☐	7 − 4 = ☐	7 − 6 = ☐	16 − 9 = ☐	17 − 2 = ☐
17 − 2 = ☐	17 − 4 = ☐	17 − 6 = ☐	17 − 9 = ☐	17 − 1 = ☐

7 Im Korb liegen 17 Brezeln. 4 Brezeln werden verkauft.
Wieviel Brezeln liegen noch im Korb?

Im Korb liegen noch ☐ Brezeln.

Wir können Zerlegaufgaben bis 17 lösen.

Erzähle, was geschieht.

1

17 = 10 + □

2

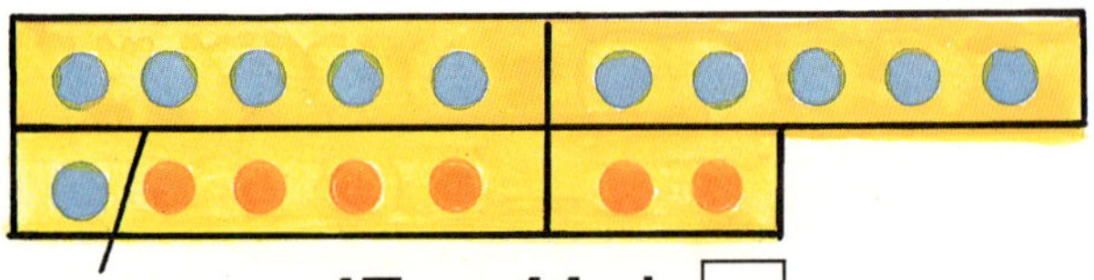

17 = 11 + □

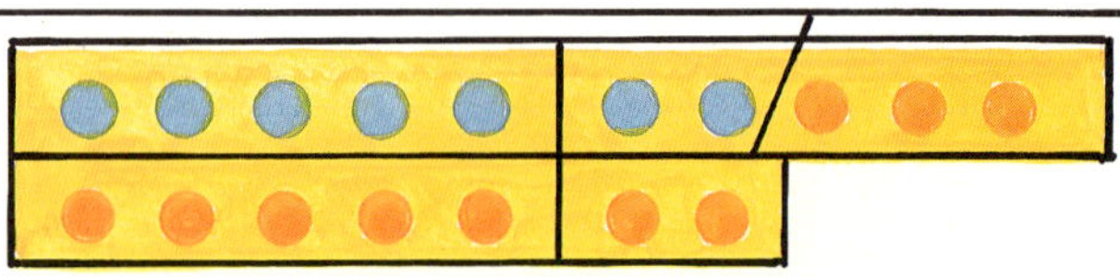

17 = 7 + □

3

17 = 9 + □

17 = 8 + □

4

17 = 7 + □	17 = 9 + □	17 = 10 + □	17 = 7 + □	17 = 7 + □	17 = 8 + □
17 = 8 + □	17 = 8 + □	17 = 9 + □	16 = 8 + □	17 = 9 + □	17 = 10 + □
17 = 7 + □	17 = 7 + □	17 = 8 + □	17 = 9 + □	17 = 7 + □	17 = 8 + □
17 = 8 + □	17 = 9 + □	17 = 10 + □	17 = 10 + □	17 = 9 + □	17 = 10 + □
17 = 9 + □	17 = 8 + □	17 = 9 + □	17 = 9 + □	17 = 7 + □	17 = 8 + □
17 = 7 + □	17 = 7 + □	17 = 8 + □	17 = 8 + □	17 = 9 + □	17 = 10 + □

5

7 = 6 + □	7 = 3 + □	17 = 16 + □	17 = 10 + □	17 = 11 + □	17 = 7 + □
17 = 16 + □	17 = 13 + □	17 = 15 + □	17 = 9 + □	17 = 12 + □	17 = 8 + □
7 = 5 + □	7 = 2 + □	15 = 14 + □	17 = 8 + □	17 = 13 + □	17 = 9 + □
17 = 15 + □	17 = 12 + □	17 = 13 + □	17 = 7 + □	17 = 14 + □	14 = 8 + □
7 = 4 + □	7 = 1 + □	17 = 12 + □	17 = 8 + □	17 = 15 + □	17 = 10 + □
17 = 14 + □	17 = 11 + □	17 = 11 + □	17 = 9 + □	17 = 16 + □	15 = 7 + □

6 Von 15 Kindern der Klasse haben 3 den Spitzer vergessen.
Wieviel Kinder haben ihren Spitzer dabei?

□ Kinder haben den Spitzer dabei.

7

17 DM = 16 DM + □ DM	17 DM = 13 DM + □ DM	17 DM = 10 DM + □ DM
17 DM = 15 DM + □ DM	17 DM = 12 DM + □ DM	17 DM = 9 DM + □ DM
17 DM = 14 DM + □ DM	17 DM = 11 DM + □ DM	17 DM = 8 ʟM + □ DM

Wir können Ergänzungsaufgaben bis 17 lösen.

Erzähle, was geschieht.

1

12 + □ = 17

2

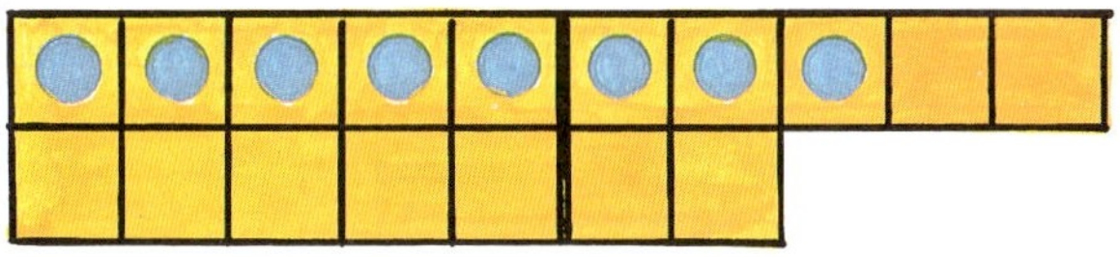

8 + □ = 17

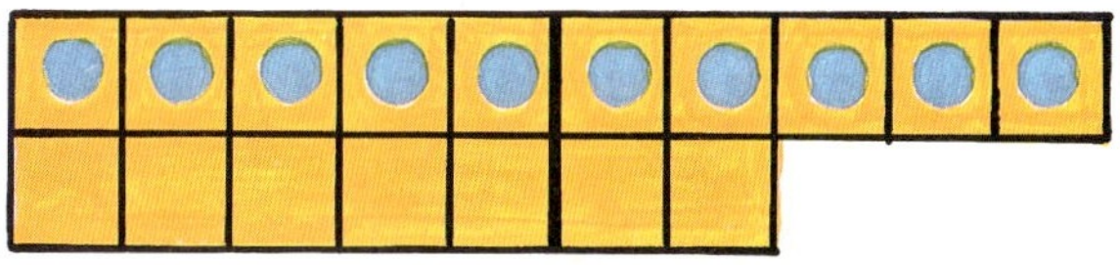

10 + □ = 17

3

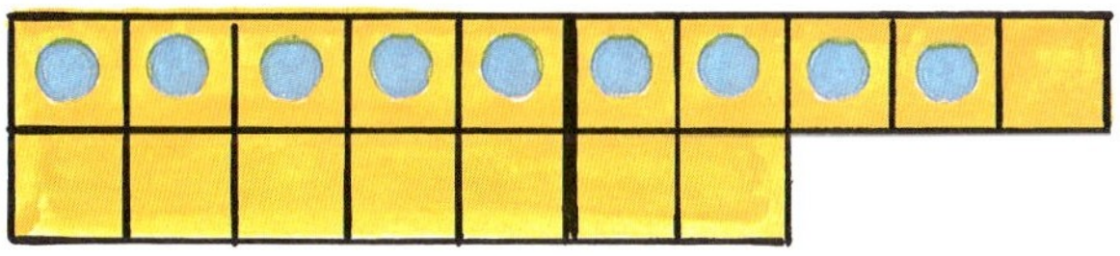

9 + □ = 17

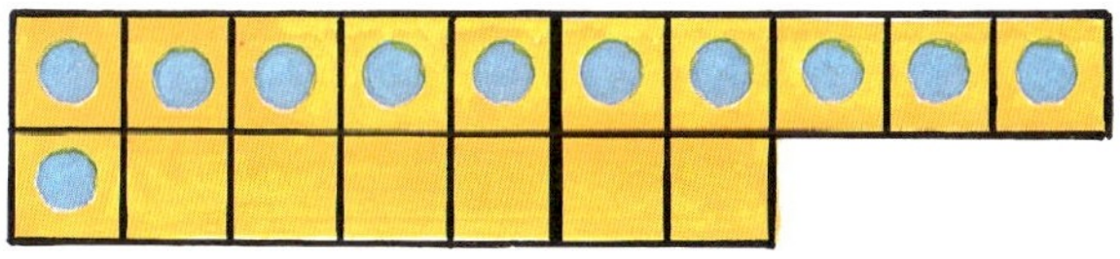

11 + □ = 17

4

7 + □ = 17	8 + □ = 17	9 + □ = 17	7 + □ = 17	10 + □ = 17	10 + □ = 17
8 + □ = 17	7 + □ = 17	8 + □ = 17	8 + □ = 15	9 + □ = 17	7 + □ = 17
7 + □ = 17	9 + □ = 17	7 + □ = 17	9 + □ = 17	10 + □ = 17	8 + □ = 17
8 + □ = 17	7 + □ = 17	8 + □ = 17	8 + □ = 17	9 + □ = 17	9 + □ = 17
7 + □ = 17	8 + □ = 17	9 + □ = 17	9 + □ = 17	10 + □ = 17	10 + □ = 17

5

11 + □ – 17	2 + □ = 7	4 + □ = 17	6 + □ = 7	12 + □ = 17	10 + □ = 17
10 + □ = 16	12 + □ = 17	14 + □ = 17	16 + □ = 17	13 + □ = 17	10 + □ = 17
11 + □ = 17	3 + □ = 7	8 + □ = 17	9 + □ = 17	14 + □ = 17	9 + □ = 17
10 + □ = 17	13 + □ = 7	5 + □ = 17	10 + □ = 17	15 + □ = 17	8 + □ = 17
11 + □ = 17	7 + □ = 17	15 + □ = 17	11 + □ = 17	16 + □ = 17	7 + □ = 17

Wieviel Geld fehlt noch, damit es 17 Mark sind?
Male das Geld. Schreibe die passenden Ergänzungsaufgaben dazu.

6

Wir kennen die Menge und die Zahl 18.

1 Zähle die Plättchen. Lege und male sie. Schreibe dazu, wie viele es sind.

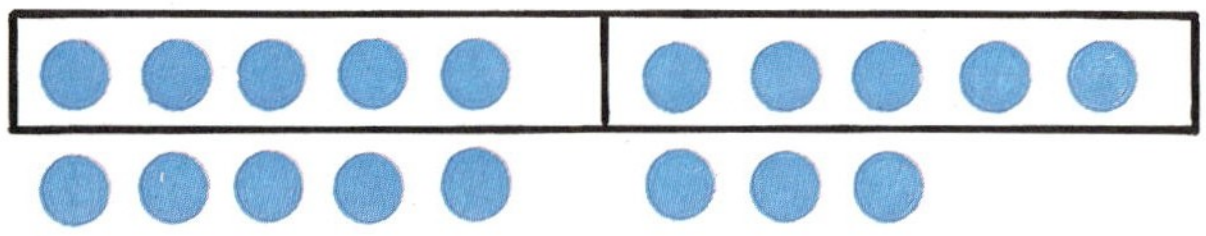

18

2 So kannst du die Menge 18 schneller malen:

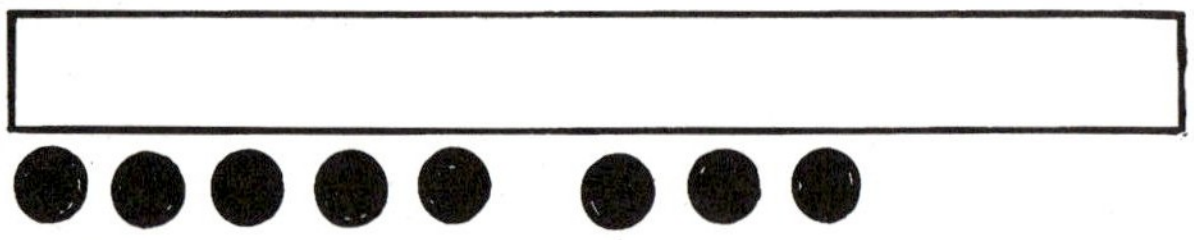

Wir kennen die Reihenfolge der Zahlen bis 18.

3 Lege und male genauso. Welche Zahl steht hinter 17?
Nenne 3 Zahlen, die größer sind als 15 und 3 Zahlen, die kleiner sind als 15.

14 **15** **16** **17** **18**

Wir können 18 Dinge numerieren.

4 Lies die Nummern vor. Welche fehlt? Zeige den 18. Hubschrauber.
Der wievielte ist grün angestrichen?

2. 3. 4. 5. 6. 7. 8. 9. 10.

11. 12. 13. 14. 15. 16. 17. 18.

Wir können fehlende Zahlen einsetzen.

5 Male das Kästchen ab. Trage die fehlenden Zahlen ein.

16		18
	16	17
16		
		16
	17	

Wir können passende Zahlen einsetzen.

6 Setze passende Zahlen ein.

5 <	13 >	13 <	> 16	< 17	< 18

Wir können +Aufgaben bis 18 lösen.

Erzähle, was geschieht.

1

$16 + 2 = \square$

2

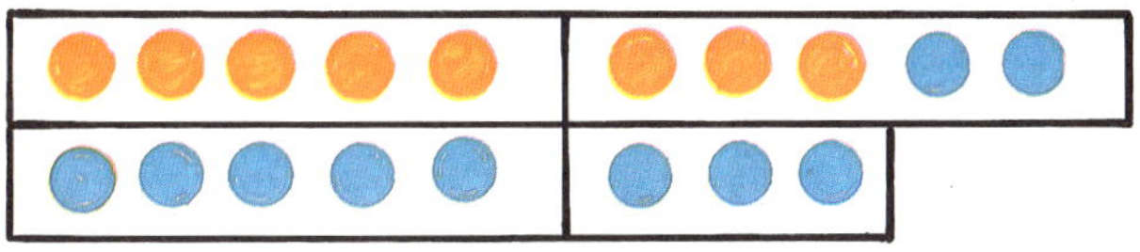

$8 + 10 = \square$

$10 + 8 = \square$

3

$9 + 9 = \square$

$11 + 7 = \square$

4

8 + 2 = □	8 + 10 = □	8 + 8 = □	9 + 9 = □	8 + 4 = □	8 + 5 = □
8 + 4 = □	8 + 8 = □	8 + 9 = □	9 + 8 = □	9 + 9 = □	8 + 6 = □
8 + 10 = □	8 + 10 = □	8 + 10 = □	9 + 9 = □	8 + 5 = □	8 + 7 = □
9 + 1 = □	8 + 7 = □	8 + 8 = □	9 + 7 = □	10 + 8 = □	8 + 8 = □
9 + 7 = □	8 + 6 = □	8 + 9 = □	9 + 9 = □	8 + 6 = □	8 + 9 = □
9 + 9 = □	8 + 10 = □	8 + 10 = □	9 + 8 = □	8 + 10 = □	8 + 10 = □

5

1 + 7 = □	2 + 2 = □	5 + 3 = □	9 + 9 = □	15 + 3 = □	9 + 4 = □
11 + 7 = □	12 + 2 = □	15 + 3 = □	5 + 7 = □	15 + 2 = □	9 + 5 = □
6 + 7 = □	3 + 5 = □	9 + 8 = □	7 + 1 = □	16 + 2 = □	9 + 6 = □
7 + 7 = □	13 + 5 = □	9 + 9 = □	17 + 1 = □	14 + 3 = □	9 + 7 = □
2 + 6 = □	4 + 4 = □	6 + 2 = □	5 + 8 = □	14 + 4 = □	9 + 8 = □
12 + 6 = □	14 + 4 = □	16 + 2 = □	8 + 10 = □	13 + 5 = □	9 + 9 = □

6

10 DM + 8 DM = □ DM	13 Pf + 5 Pf = □ Pf	16 DM + 2 DM = □ DM
10 DM + 7 DM = □ DM	14 Pf + 3 Pf = □ Pf	6 DM + 2 DM = □ DM
11 DM + 7 DM = □ DM	14 Pf + 4 Pf = □ Pf	17 DM + 1 DM = □ DM
12 DM + 5 DM = □ DM	14 Pf + 2 Pf = □ Pf	7 DM + 1 DM = □ DM
12 DM + 6 DM = □ DM	15 Pf + 3 Pf = □ Pf	9 DM + 7 DM = □ DM

Erzähle, was geschieht.

1

18 − 3 = □

2

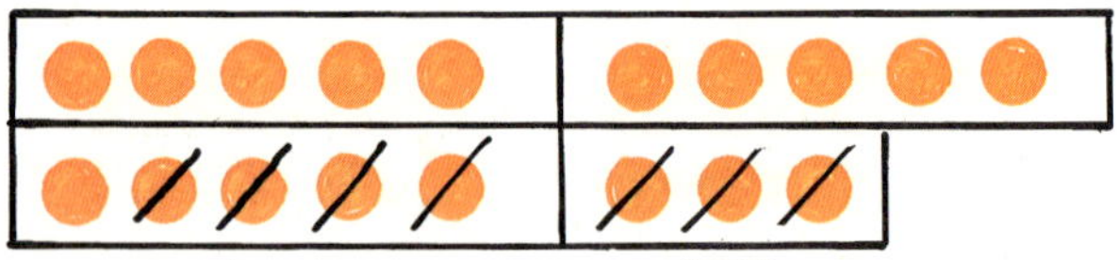

18 − 7 = □

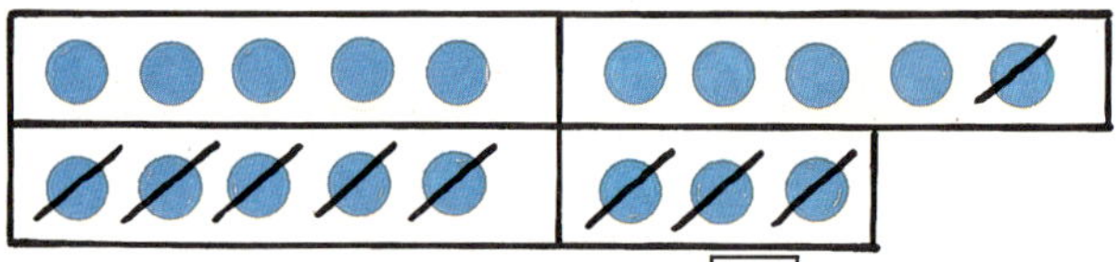

18 − 9 = □

3

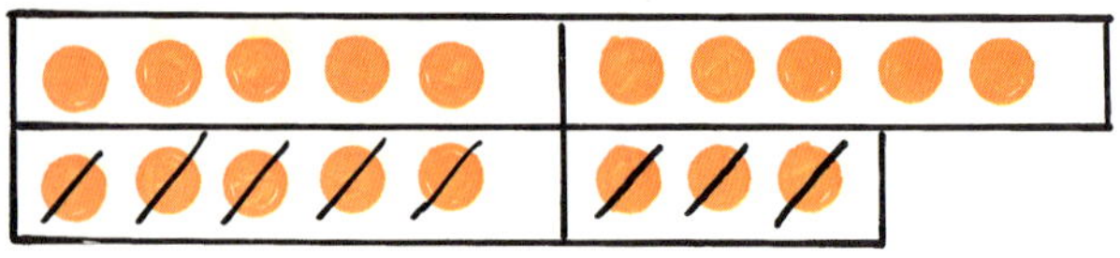

18 − 8 = □

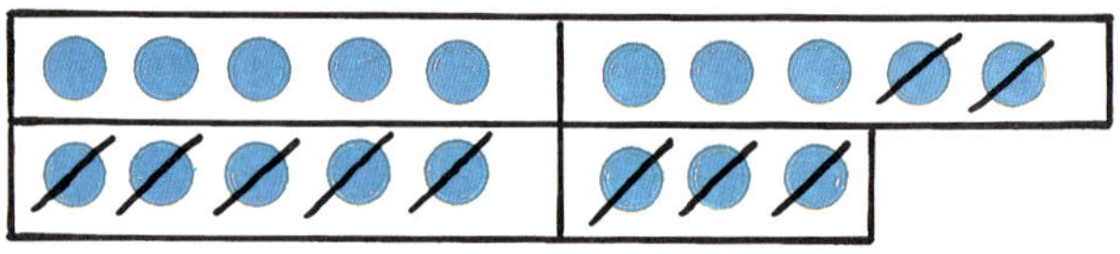

18 − 10 = □

4

18 − 8 = □	18 − 9 = □	8 − 7 = □	8 − 4 = □	8 − 1 = □	18 − 10 = □
18 − 7 = □	18 − 10 = □	18 − 7 = □	18 − 4 = □	18 − 1 = □	18 − 9 = □
18 − 8 = □	18 − 9 = □	8 − 6 = □	8 − 3 = □	18 − 3 = □	18 − 8 = □
18 − 9 = □	18 − 10 = □	18 − 6 = □	18 − 3 = □	18 − 5 = □	18 − 7 = □
18 − 7 = □	18 − 8 = □	8 − 5 = □	8 − 2 = □	18 − 7 = □	18 − 6 = □
18 − 10 = □	18 − 9 = □	18 − 5 = □	18 − 2 = □	18 − 6 = □	18 − 5 = □

5

18 − 8 = □	18 − 1 = □	18 − 8 = □	12 − 8 = □	18 − 8 = □	18 − 1 = □
18 − 10 = □	18 − 3 = □	17 − 8 = □	11 − 8 = □	18 − 10 = □	18 − 2 = □
18 − 2 = □	18 − 5 = □	16 − 8 = □	10 − 8 = □	18 − 7 = □	18 − 3 = □
18 − 4 = □	18 − 7 = □	15 − 8 = □	9 − 8 = □	18 − 5 = □	18 − 4 = □
18 − 5 = □	18 − 9 = □	14 − 8 = □	8 − 8 = □	18 − 6 = □	18 − 5 = □
17 − 6 = □	17 − 10 = □	13 − 8 = □	18 − 9 = □	18 − 9 = □	18 − 6 = □

6

Wir können Zerlegaufgaben bis 18 lösen.

Erzähle, was geschieht.

1

18 = 12 + □

2

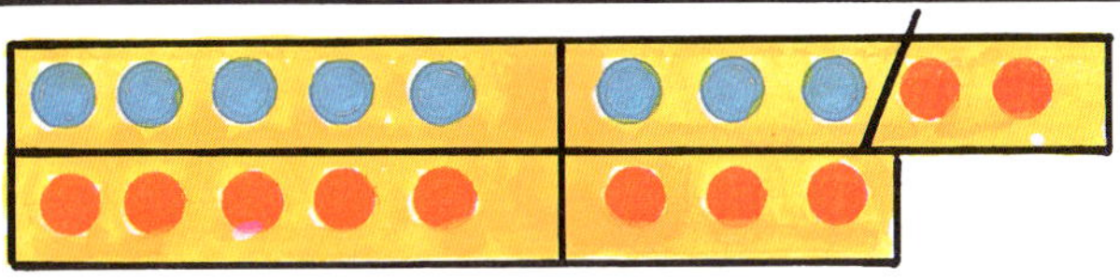

18 = 8 + □

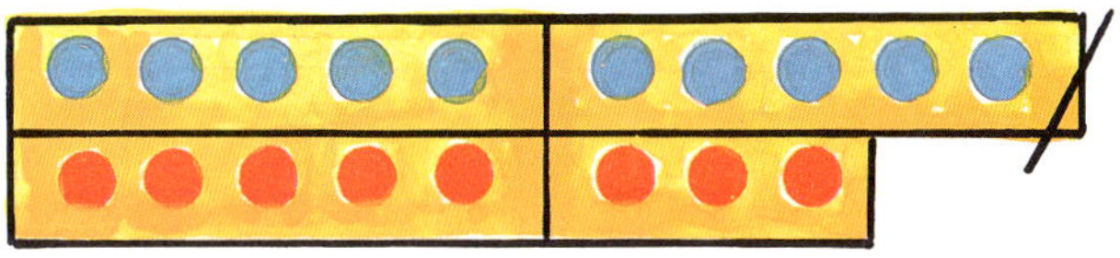

18 = 10 + □

3

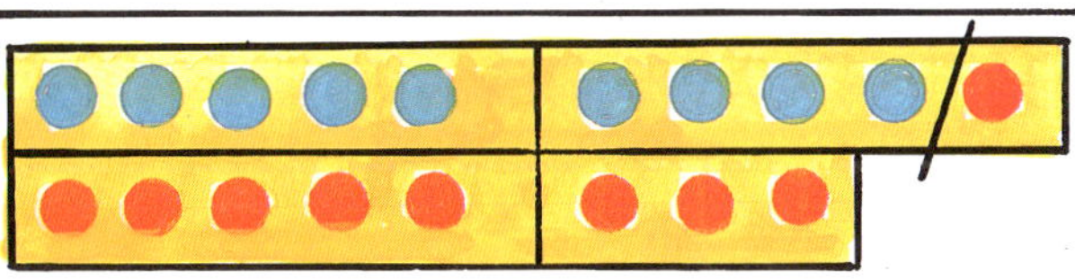

18 = 9 + □

18 = 13 + □

4

18 = 10 + □	18 = 8 + □	18 = 10 + □	18 = 7 + □	18 = 9 + □	18 = 6 + □
18 = 9 + □	18 = 9 + □	18 = 9 + □	18 = 8 + □	18 = 8 + □	18 = 7 + □
18 = 10 + □	18 = 10 + □	18 = 8 + □	18 = 9 + □	18 = 7 + □	18 = 6 + □
18 = 9 + □	18 = 8 + □	18 = 10 + □	18 = 7 + □	18 = 9 + □	18 = 7 + □
18 = 8 + □	18 = 9 + □	18 = 9 + □	18 = 8 + □	18 = 8 + □	18 = 8 + □
18 = 10 + □	18 = 10 + □	18 = 8 + □	18 = 9 + □	18 = 7 + □	18 = 6 + □

5

18 = 5 + □	18 = 7 + □	18 = 4 + □	18 = 4 + □	18 = 3 + □	13 = 5 + □
18 = 6 + □	18 = 6 + □	18 = 5 + □	18 = 5 + □	18 = 2 + □	14 = 5 + □
18 = 7 + □	18 = 5 + □	18 = 4 + □	18 = 6 + □	18 = 3 + □	15 = 5 + □
18 = 5 + □	18 = 7 + □	18 = 5 + □	18 = 4 + □	18 = 2 + □	16 = 5 + □
18 = 6 + □	18 = 6 + □	18 = 4 + □	18 = 5 + □	18 = 4 + □	17 = 5 + □
18 = 7 + □	18 = 5 + □	18 = 5 + □	18 = 6 + □	18 = 3 + □	18 = 5 + □

6

18 DM = 8 DM + □ DM	18 DM = 10 DM + □ DM	18 DM = 13 DM + □ DM
18 DM = 9 DM + □ DM	18 DM = 11 DM + □ DM	16 DM = 9 DM + □ DM
18 DM = 10 DM + □ DM	17 DM = 8 DM + □ DM	18 DM = 14 DM + □ DM
18 DM = 11 DM + □ DM	18 DM = 12 DM + □ DM	18 DM = 15 DM + □ DM

7 Die Oma verschenkt 18 DM an Peter und Gabi. Peter bekommt 9 Mark.
Wieviel Mark bekommt Gabi?

Gabi bekommt □ Mark.

Wir können Ergänzungsaufgaben bis 18 lösen.

Erzähle, was geschieht.

1

15 + ☐ = 18

2

8 + ☐ = 18

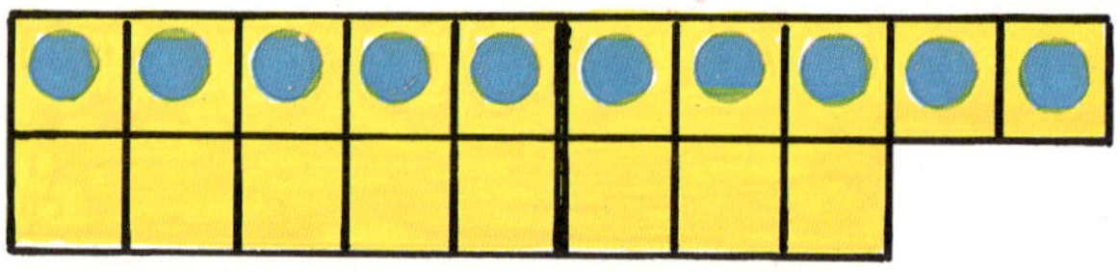

10 + ☐ = 18

3

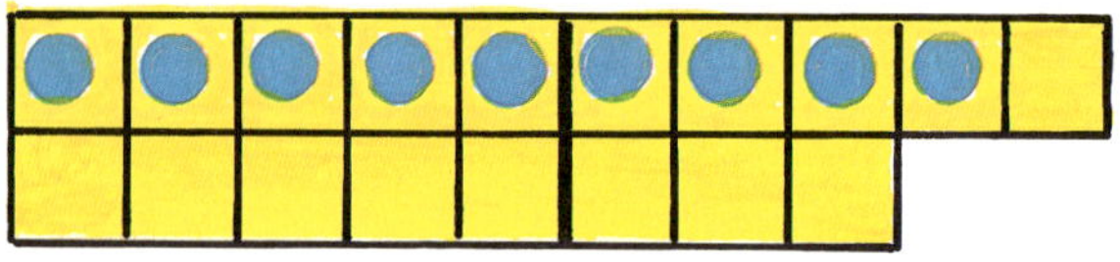

9 + ☐ = 18

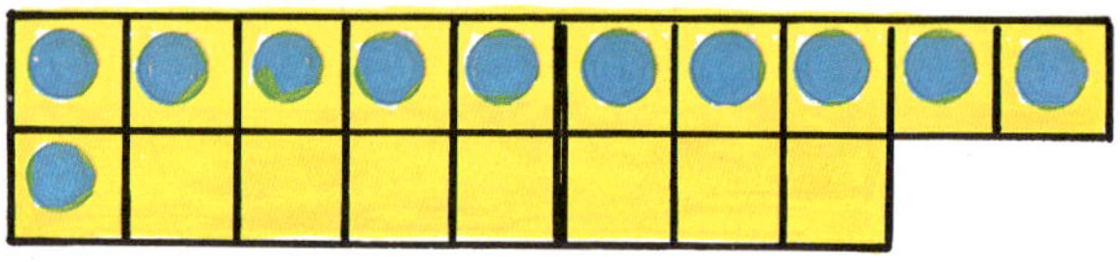

11 + ☐ = 18

4

8 + ☐ = 18	8 + ☐ = 18	10 + ☐ = 18	11 + ☐ = 18	12 + ☐ = 18	10 + ☐ = 18
9 + ☐ = 18	9 + ☐ = 18	9 + ☐ = 18	10 + ☐ = 17	11 + ☐ = 18	11 + ☐ = 18
8 + ☐ = 18	10 + ☐ = 18	10 + ☐ = 18	11 + ☐ = 18	12 + ☐ = 18	12 + ☐ = 18
9 + ☐ = 18	9 + ☐ = 18	9 + ☐ = 18	10 + ☐ = 18	10 + ☐ = 18	11 + ☐ = 18
8 + ☐ = 18	8 + ☐ = 18	10 + ☐ = 18	11 + ☐ = 18	11 + ☐ = 18	12 + ☐ = 18

5

13 + ☐ = 18	14 + ☐ = 18	15 + ☐ = 18	17 + ☐ = 18	17 + ☐ = 18	8 + ☐ = 18
12 + ☐ = 18	13 + ☐ = 18	16 + ☐ = 18	16 + ☐ = 18	16 + ☐ = 18	9 + ☐ = 18
13 + ☐ = 18	14 + ☐ = 18	15 + ☐ = 18	17 + ☐ = 18	15 + ☐ = 18	10 + ☐ = 18
12 + ☐ = 18	13 + ☐ = 16	16 + ☐ = 18	16 + ☐ = 18	14 + ☐ = 18	11 + ☐ = 18
13 + ☐ = 18	14 + ☐ = 18	14 + ☐ = 18	17 + ☐ = 18	13 + ☐ = 18	12 + ☐ = 18

Wieviel Geld fehlt noch, damit es 18 Pfennige sind?
Male das Geld. Schreibe die passenden Ergänzungsaufgaben dazu.

6

Wir wissen, daß 3 mal 6 achtzehn sind, daß 6 mal 3 achtzehn sind.

Lege Sechser- und Dreierstreifen genauso.

1

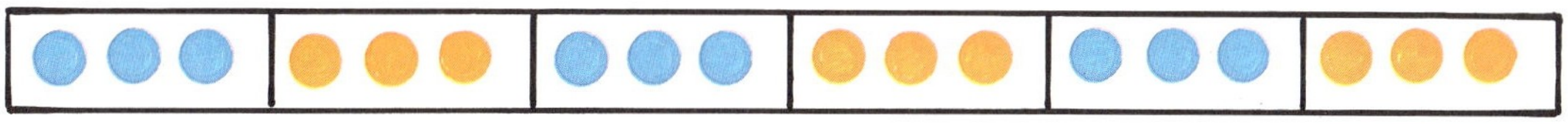

$6 \cdot 3 = 18$

$3 + 3 + 3 + 3 + 3 + 3 = 18$

2

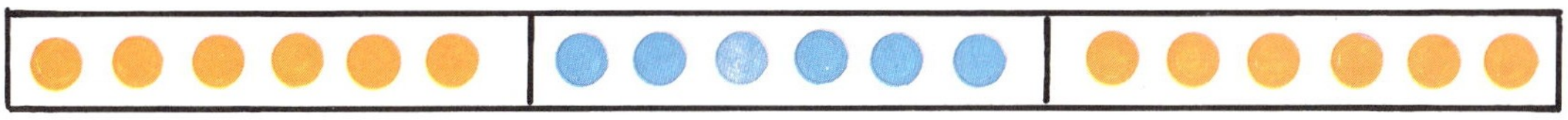

$3 \cdot 6 = 18$

$6 + 6 + 6 = 18$

3

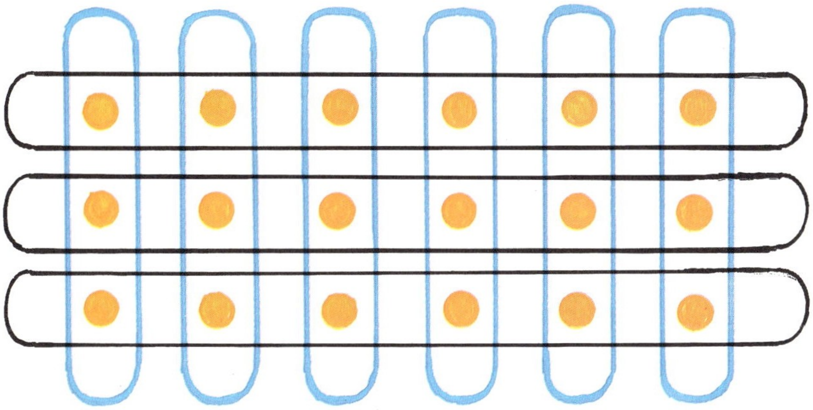

$6 \cdot 3 = 3 \cdot 6$

4

Male die Kästchen ab.
Trage die Dreierzahlen ein.

		3			6			9	
	12			15			18		

Male die Kästchen ab.
Trage die Sechserzahlen ein.

					6				
	12						18		

5

$6 + 6 =$ □	$3 + 3 =$ □	$2 \cdot 3 =$ □	$2 \cdot 6 =$ □
$2 \cdot 6 =$ □	$3 + 3 + 3 =$ □	$3 \cdot 3 =$ □	$2 + 6 =$ □
$1 \cdot 6 =$ □	$3 + 3 + 3 + 3 =$ □	$4 \cdot 3 =$ □	$1 \cdot 3 =$ □
$6 + 6 + 6 =$ □	$3 + 3 + 3 + 3 + 3 =$ □	$5 \cdot 3 =$ □	$3 \cdot 6 =$ □
$3 \cdot 6 =$ □	$3 + 3 + 3 + 3 + 3 + 3 =$ □	$6 \cdot 3 =$ □	$3 + 6 =$ □

Wir wissen, wie groß die Hälfte von 18 ist.
Lege 18 Würfel. Halbiere.

Wir wissen, wie groß das Doppelte von 9 ist.
Lege 9 Würfel. Verdopple.

6

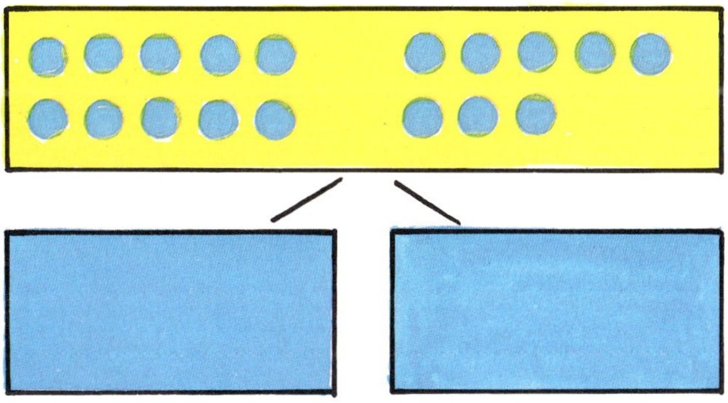

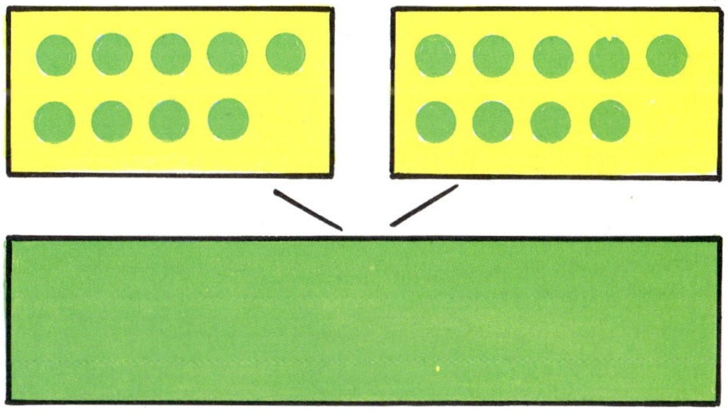

Wir kennen die Menge und die Zahl 19.

1 Zähle die Plättchen. Lege und male sie. Schreibe dazu, wie viele es sind.

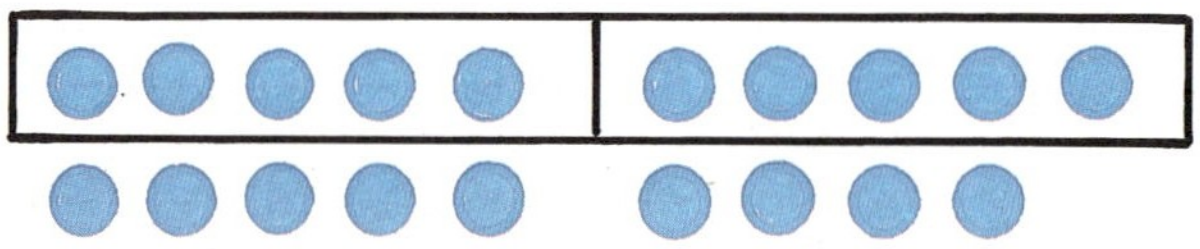

19

2 So kannst du die Menge 19 schneller malen:

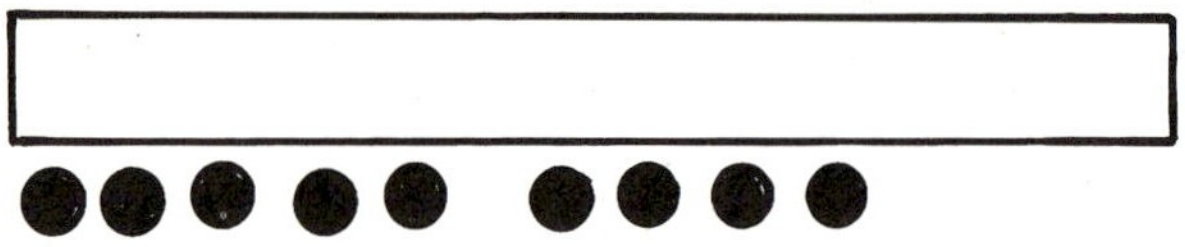

Wir kennen die Reihenfolge der Zahlen bis 19.

3 Lege und male genauso. Welche Zahl steht hinter 18?
Nenne 3 Zahlen, die größer sind als 16, und 3 Zahlen, die kleiner sind als 16.

15 **16** **17** **18** **19**

Wir können 19 Dinge numerieren.

4 Lies die Nummern vor. Welche fehlt? Zeige die 19. Blumenvase.
Die wievielte Vase ist gelb?

1. 2. 3. 4. 5. 7. 8. 9. 10.

11. 12. 13. 14. 15. 16. 17. 18. 19.

Wir können fehlende Zahlen einsetzen.

5 Male die Kästchen ab. Trage die fehlenden Zahlen ein.

17		19

	17	18

17		

		17

	18	

Wir können passende Zahlen einsetzen.

6 Setze passende Zahlen ein.

6 <	14 >	14 <	> 17	< 18	< 19

Wir können +Aufgaben bis 19 lösen.

Erzähle, was geschieht.

1

17 + 2 = □

2

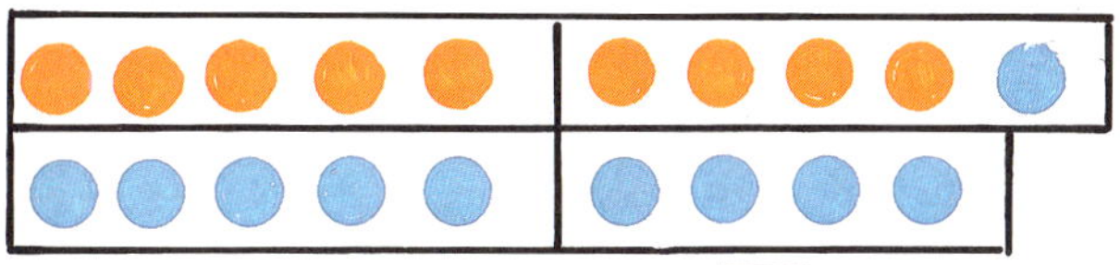

9 + 10 = □

11 + 8 = □

3

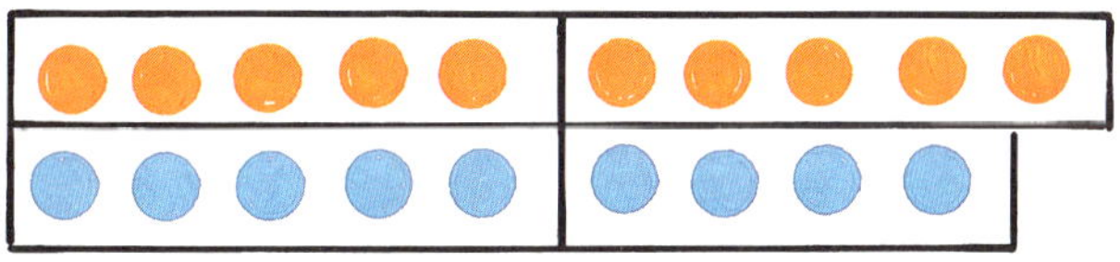

10 + 9 = □

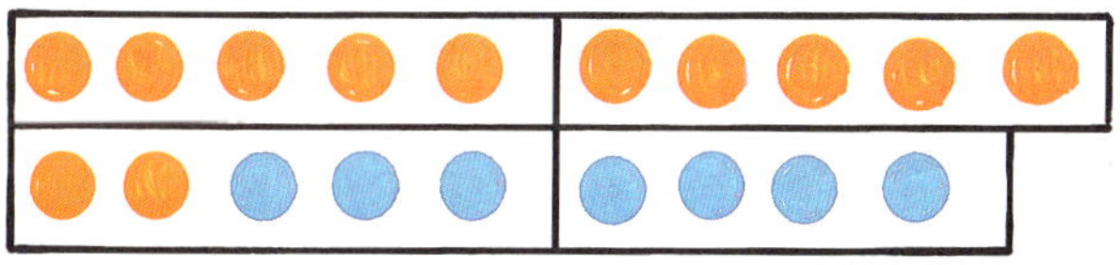

12 + 7 = □

4

9 + 10 = □	10 + 9 = □	10 + 8 = □	3 + 6 = □	5 + 4 = □	7 + 2 = □
9 + 9 = □	10 + 8 = □	11 + 8 = □	13 + 6 = □	15 + 4 = □	17 + 2 = □
9 + 10 = □	10 + 7 = □	8 + 3 = □	6 + 6 = □	7 + 7 = □	8 + 8 = □
9 + 8 = □	10 + 9 = □	8 + 4 = □	6 + 7 = □	7 + 6 = □	8 + 9 = □
9 + 10 = □	10 + 8 = □	2 + 7 = □	4 + 5 = □	6 + 3 = □	8 + 1 = □
9 + 7 = □	10 + 9 = □	12 + 7 = □	14 + 5 = □	16 + 3 = □	18 + 1 = □

5

9 + 10 = □	12 + 7 = □	16 + 3 = □	11 + 8 = □	14 + 5 = □	18 + 1 = □
8 + 10 = □	9 + 4 = □	9 + 7 = □	8 + 4 = □	8 + 9 = □	7 + 6 = □
10 + 9 = □	13 + 4 = □	17 + 2 = □	10 + 9 = □	13 + 4 = □	17 + 2 = □
10 + 7 = □	9 + 5 = □	9 + 8 = □	8 + 5 = □	7 + 4 = □	7 + 8 = □
11 + 8 = □	14 + 5 = □	18 + 1 = □	9 + 10 = □	12 + 7 = □	16 + 3 = □
9 + 3 = □	9 + 6 = □	8 + 3 = □	8 + 7 = □	7 + 5 = □	7 + 9 = □

6

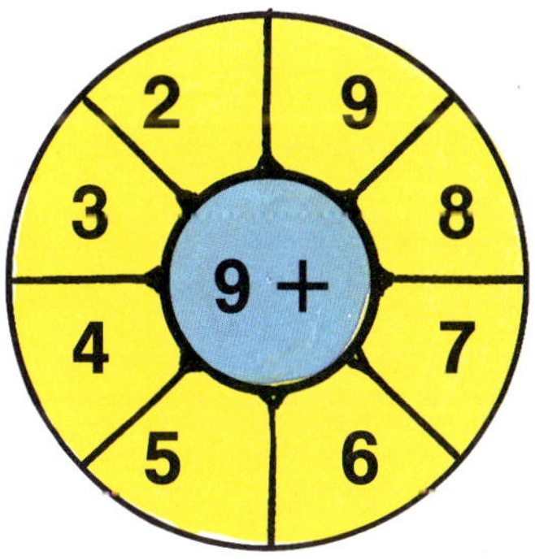

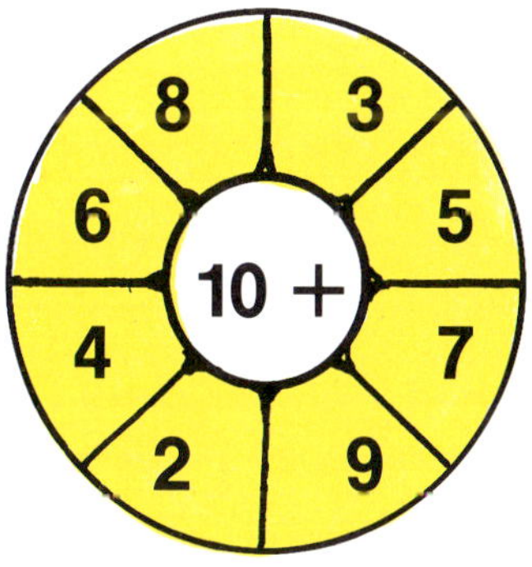

Wir können —Aufgaben bis 19 lösen.

Erzähle, was geschieht.

1

19 − 4 = □

2

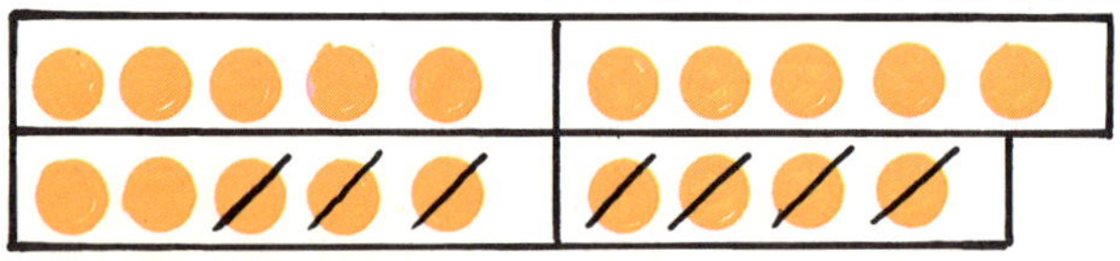

19 − 7 = □

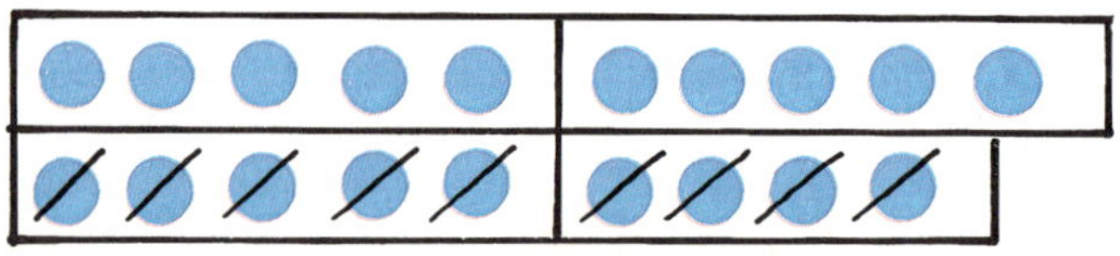

19 − 9 = □

3

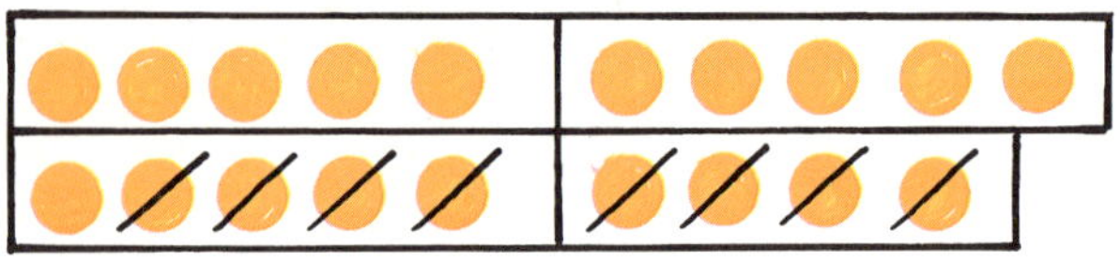

19 − 8 = □

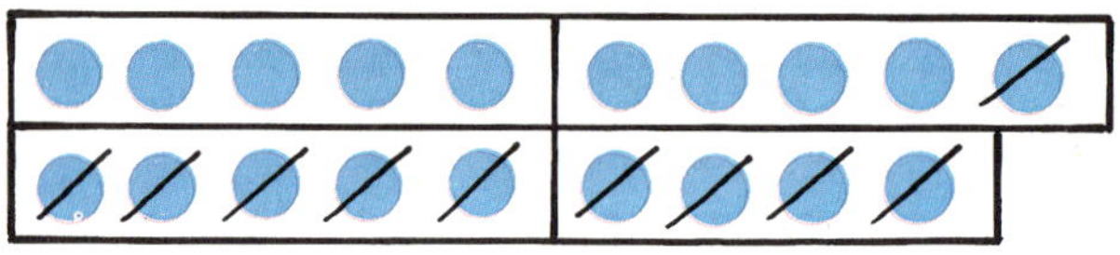

19 − 10 = □

4

19 − 10 = □	19 − 8 = □	19 − 10 = □	19 − 7 = □	19 − 9 = □	19 − 7 = □
19 − 9 = □	19 − 9 = □	19 − 9 = □	19 − 8 = □	19 − 8 = □	19 − 8 = □
19 − 10 = □	19 − 10 = □	19 − 8 = □	19 − 7 = □	19 − 7 = □	19 − 9 = □
19 − 9 = □	19 − 8 = □	19 − 10 = □	19 − 8 = □	18 − 9 = □	19 − 10 = □
19 − 10 = □	19 − 9 = □	19 − 9 = □	19 − 7 = □	19 − 8 = □	19 − 7 = □
19 − 8 = □	19 − 10 = □	19 − 8 = □	19 − 9 = □	19 − 9 = □	19 − 8 = □

5

19 − 6 = □	19 − 10 = □	19 − 4 = □	19 − 3 = □	19 − 1 = □	19 − 5 = □
19 − 7 = □	19 − 6 = □	19 − 5 = □	18 − 4 = □	19 − 2 = □	19 − 6 = □
19 − 6 = □	19 − 5 = □	19 − 6 = □	19 − 3 = □	19 − 3 = □	19 − 7 = □
19 − 7 = □	19 − 6 = □	19 − 4 = □	19 − 4 = □	19 − 1 = □	19 − 8 = □
19 − 8 = □	19 − 5 = □	19 − 5 = □	19 − 5 = □	19 − 2 = □	19 − 9 = □
19 − 6 = □	19 − 6 = □	19 − 6 = □	19 − 3 = □	19 − 3 = □	19 − 10 = □

6

19 DM − 6 DM = □ DM	11 DM + 3 DM = □ DM	19 DM − 8 DM = □ DM
12 DM + 7 DM = □ DM	19 DM − 4 DM = □ DM	9 DM − 8 DM = □ DM
19 DM − 5 DM = □ DM	7 DM + 9 DM = □ DM	19 DM − 9 DM = □ DM
13 DM + 5 DM = □ DM	19 DM − 3 DM = □ DM	7 DM + 6 DM = □ DM

7 Im Beet sind 19 Blumen. Gabi pflückt 9 Blumen.
Wieviel Blumen sind dann noch im Beet?

Im Beet sind noch □ Blumen.

Wir können Zerlegaufgaben bis 19 lösen.

Erzähle, was geschieht.

1

19 = 10 + □

2

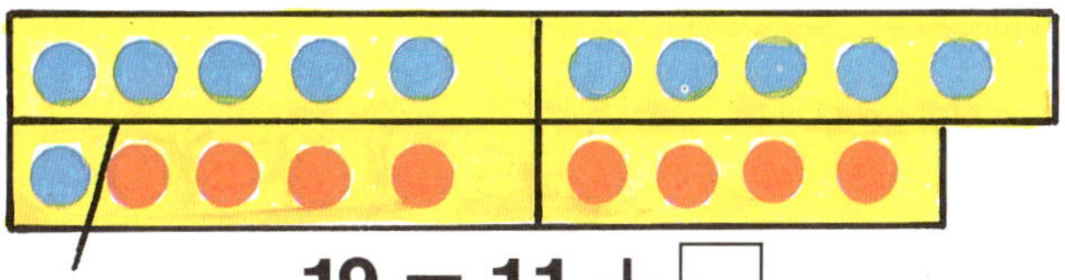

19 = 11 + □

19 = 13 + □

3

19 = 12 + □

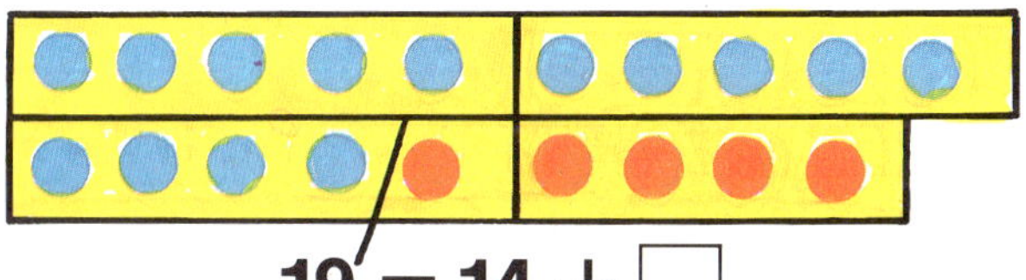

19 = 14 + □

4

19 = 10 + □	19 = 9 + □	19 = 8 + □	17 = 7 + □	19 = 7 + □	19 = 6 + □
19 = 9 + □	19 = 10 + □	19 = 9 + □	19 = 8 + □	19 = 8 + □	19 = 7 + □
19 = 10 + □	19 = 8 + □	19 = 10 + □	19 = 7 + □	19 = 9 + □	19 = 6 + □
19 = 9 + □	19 = 9 + □	19 = 8 + □	19 = 8 + □	19 = 7 + □	19 = 7 + □
19 = 8 + □	19 = 10 + □	19 = 9 + □	19 = 7 + □	19 = 8 + □	19 = 6 + □
19 = 10 + □	19 = 8 + □	19 = 10 + □	19 = 9 + □	19 = 9 + □	19 = 8 + □

5

19 = 7 + □	19 = 5 + □	14 = 3 + □	19 = 2 + □	19 = 1 + □	19 = 9 + □
19 = 6 + □	19 = 4 + □	19 = 4 + □	19 = 3 + □	19 = 2 + □	18 = 9 + □
19 = 8 + □	19 = 5 + □	19 = 5 + □	19 = 2 + □	19 = 3 + □	17 = 9 + □
19 = 6 + □	19 = 6 + □	19 = 3 + □	19 = 3 + □	19 = 1 + □	16 = 9 + □
19 = 7 + □	19 = 5 + □	19 = 4 + □	19 = 4 + □	19 = 2 + □	15 = 9 + □
19 = 8 + □	19 = 4 + □	19 = 5 + □	19 = 5 + □	19 = 1 + □	14 = 9 + □

Wir können Kettenrechnungen lösen.

6

1 + 1 + 1 + 1 = □	19 − 1 − 1 − 1 = □
2 + 2 + 2 + 2 = □	18 − 2 − 2 − 2 = □
3 + 3 + 3 + 3 = □	19 − 3 − 3 − 3 = □
4 + 4 + 4 + 4 = □	16 − 4 − 2 − 3 = □

Wir können Ergänzungsaufgaben bis 19 lösen.

Erzähle, was geschieht.

1

16 + □ = 19

2

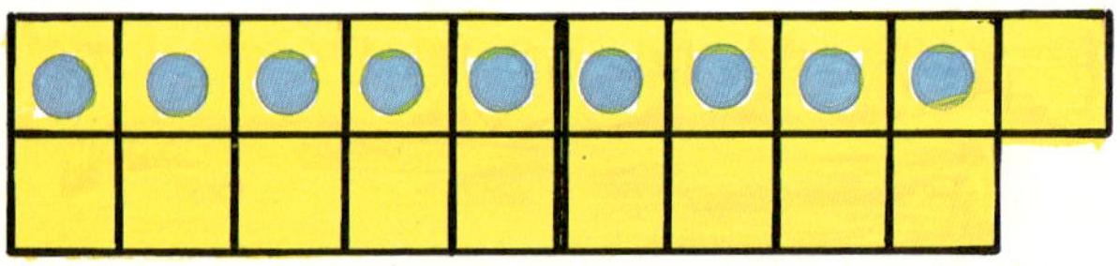

9 + □ = 19

11 + □ = 19

3

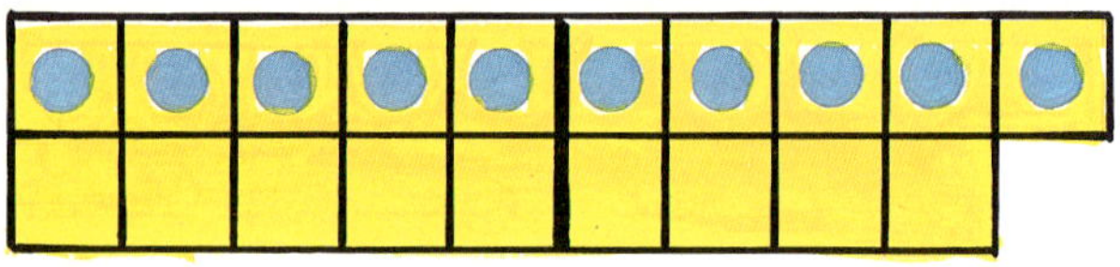

10 + □ = 19

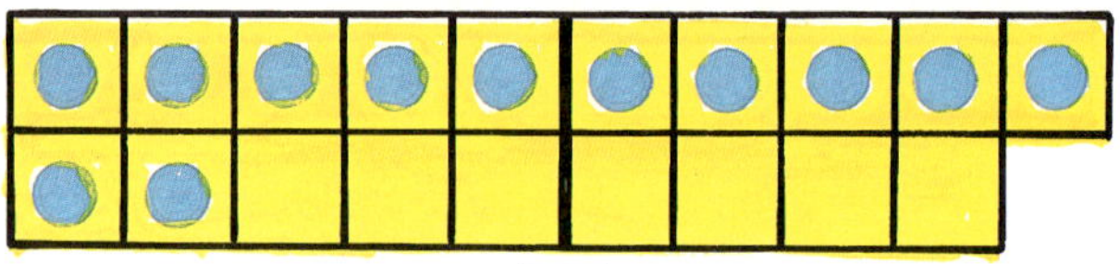

12 + □ = 19

4

9 + □ = 19	11 + □ = 19	10 + □ = 19	10 + □ = 15	13 + □ = 19	14 + □ = 19
10 + □ = 19	9 + □ = 19	11 + □ = 19	11 + □ = 19	12 + □ = 19	13 + □ = 19
9 + □ = 19	10 + □ = 19	10 + □ = 19	12 + □ = 19	13 + □ = 19	12 + □ = 19
10 + □ = 19	11 + □ = 19	9 + □ = 19	11 + □ = 19	12 + □ = 19	14 + □ = 19
9 + □ = 19	9 + □ = 19	11 + □ = 19	12 + □ = 19	11 + □ = 19	13 + □ = 19

5

14 + □ = 19	15 + □ = 19	16 + □ = 19	16 + □ = 18	9 + □ = 19	14 + □ = 19
15 + □ = 19	14 + □ = 19	15 + □ = 18	17 + □ = 19	10 + □ = 19	15 + □ = 19
14 + □ = 19	15 + □ = 19	16 + □ = 19	18 + □ = 19	11 + □ = 19	16 + □ = 19
15 + □ = 19	14 + □ = 19	15 + □ = 19	17 + □ = 19	12 + □ = 19	17 + □ = 19
13 + □ = 19	15 + □ = 19	16 + □ = 19	18 + □ = 19	13 + □ = 19	18 + □ = 19

6

10 DM + □ DM = 19 DM	14 DM + □ DM = 19 DM	10 DM + □ DM = 18 DM
11 DM + □ DM = 19 DM	15 DM + □ DM = 19 DM	11 DM + □ DM = 18 DM
12 DM + □ DM = 19 DM	16 DM + □ DM = 19 DM	12 DM + □ DM = 18 DM
13 DM + □ DM = 19 DM	17 DM + □ DM = 19 DM	13 DM + □ DM = 18 DM

7

Von 14 Kindern der Klasse kommen 3 zu spät.
Wieviel Kinder kommen pünktlich?
Pünktlich kommen □ Kinder.

Wir kennen die Menge und die Zahl 20.

1 Zähle die Plättchen. Lege und male sie. Schreibe dazu, wie viele es sind.

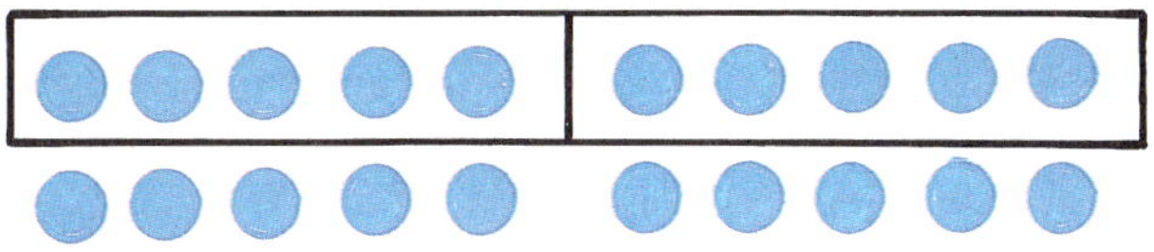

20

2 So kannst du die Menge 20 schneller malen:

Wir kennen die Reihenfolge der Zahlen bis 20.

3 Lege und male genauso. Welche Zahl steht hinter 19?
Nenne 3 Zahlen, die größer sind als 17 und 3 Zahlen, die kleiner sind als 17.

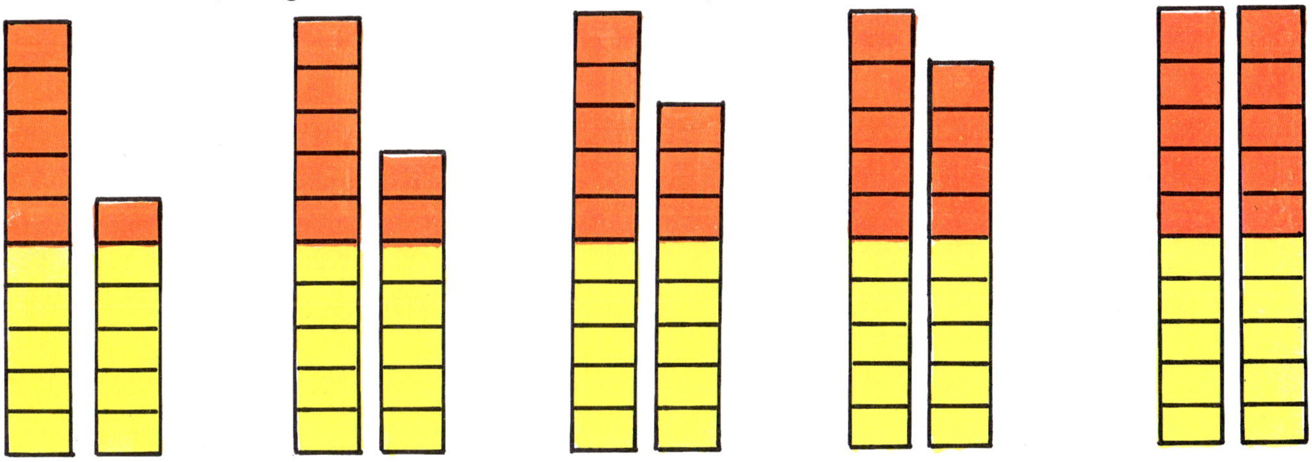

Wir können 20 Dinge numerieren.

4 Lies die Nummern vor. Welche Nummer fehlt? Zeige den 2. und den 12. Baum.
Der wievielte Baum wurde abgesägt?

Wir können fehlende Zahlen einsetzen.

5 Male die Kästchen ab. Trage die fehlenden Zahlen ein.

18		20		18	19	18					18		19	

Wir können passende Zahlen einsetzen.

6 Setze passende Zahlen ein.

7 <	15 >	15 <	> 18	< 19	< 20

Wir können +Aufgaben bis 20 lösen.

Erzähle, was geschieht.

1

17 + 3 = □

2

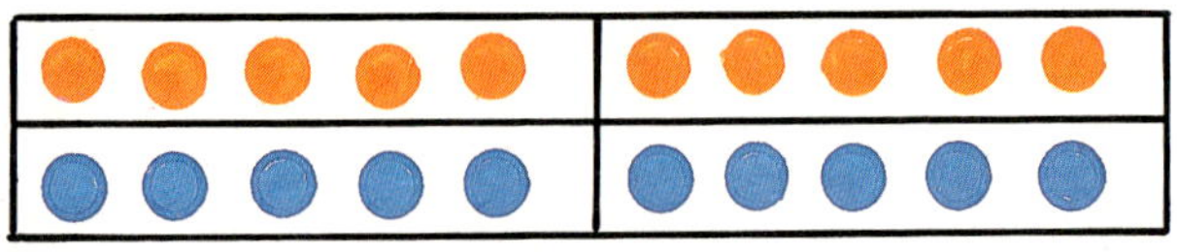

10 + 10 = □

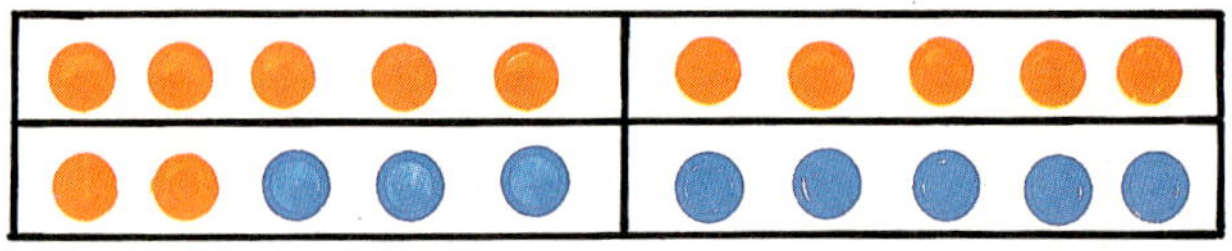

12 + 8 = □

3

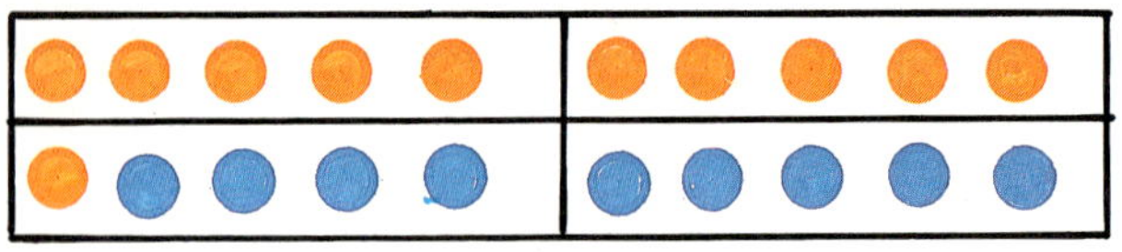

11 + 9 = □

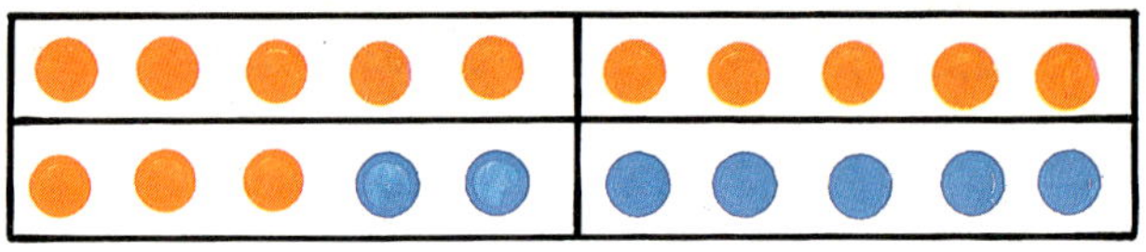

13 + 7 = □

4

1 + 9 = □	3 + 7 = □	5 + 5 = □	7 + 3 = □	9 + 1 = □	12 + 8 = □
11 + 9 = □	13 + 7 = □	15 + 5 = □	17 + 3 = □	19 + 1 = □	20 + 0 = □
3 + 4 = □	10 + 9 = □	8 + 3 = □	6 + 5 = □	10 + 10 = □	13 + 7 = □
13 + 4 = □	10 + 10 = □	8 + 4 = □	6 + 6 = □	11 + 8 = □	14 + 5 = □
2 + 8 = □	4 + 6 = □	6 + 4 = □	8 + 2 = □	11 + 9 = □	14 + 6 = □
12 + 8 = □	14 + 6 = □	16 + 4 = □	18 + 2 = □	11 + 7 = □	15 + 3 = □

5

10 + 1 = □	10 + 7 = □	15 + 5 = □	18 + 1 = □	11 + 9 = □	14 + 6 = □
10 + 2 = □	10 + 8 = □	12 + 6 = □	18 + 2 = □	5 + 8 = □	4 + 8 = □
10 + 3 = □	10 + 9 = □	16 + 2 = □	5 + 6 = □	12 + 8 = □	15 + 5 = □
10 + 4 = □	10 + 10 = □	14 + 6 = □	19 + 1 = □	5 + 9 = □	16 + 4 = □

6

4 + 6 + 2 + 3 + 5 = □

3 + 4 + 3 + 5 + 2 = □

Wir können Aufgaben lösen, in denen + und − vorkommen.

7

3 + 5 − 2 = □	4 + 3 − 5 = □	8 − 6 + 3 = □	9 − 5 + 4 = □
13 + 5 − 2 = □	14 + 3 − 5 = □	18 − 6 + 3 = □	19 − 5 + 4 = □
6 + 4 − 5 = □	2 + 8 − 10 = □	5 − 4 + 6 = □	7 − 2 + 3 = □
16 + 4 − 5 = □	12 + 8 − 10 = □	15 − 4 + 6 = □	17 − 2 + 3 = □

Wir wissen, daß 1 Zwanzigmarkschein soviel wert ist, wie 2 Zehnmarkscheine, wie 4 Fünfmarkscheine, wie 10 Zweimarkstücke, wie 20 Markstücke.

Wir spielen Geldtauschen. Lege und male das Geld.

1 2 3 4

Wir können sagen, wieviel Geld es ist.
Lege und male das Geld. Schreibe dazu, wieviel Mark es sind.

5 6 7

Wir können Geldbeträge legen und malen.
Lege und male soviel Geld, wie angegeben ist. Schreibe dazu, wieviel es ist.

8	11 DM	12 DM	13 DM	14 DM	15 DM	16 DM	17 DM	18 DM	19 DM	20 DM
9	11 Pf	12 PF	13 Pf	14 Pf	15 Pf	16 Pf	17 Pf	18 Pf	19 Pf	20 Pf

Wir können —Aufgaben bis 20 lösen.

Erzähle, was geschieht.

1

20 − 2 = □

2

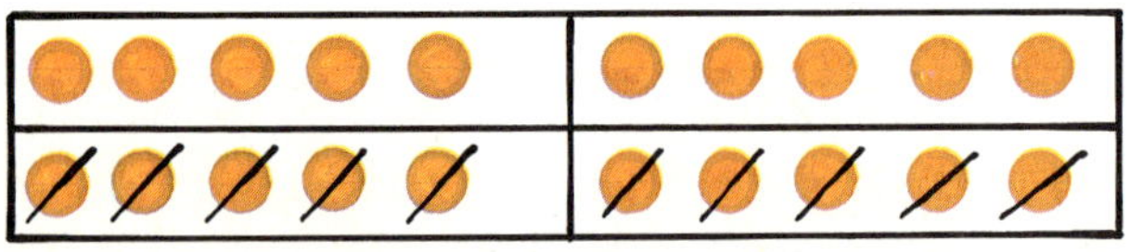

20 − 10 = □

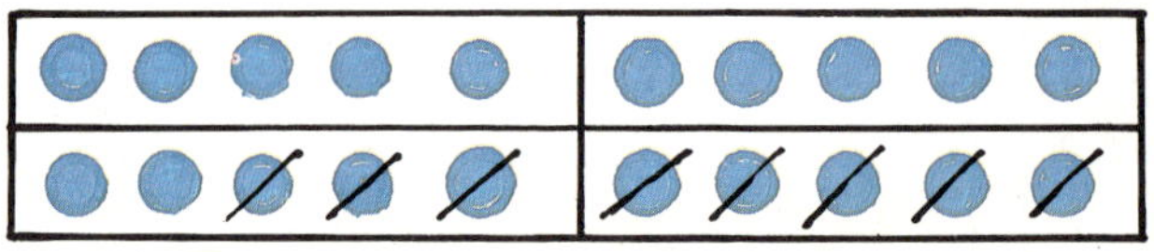

20 − 8 = □

3

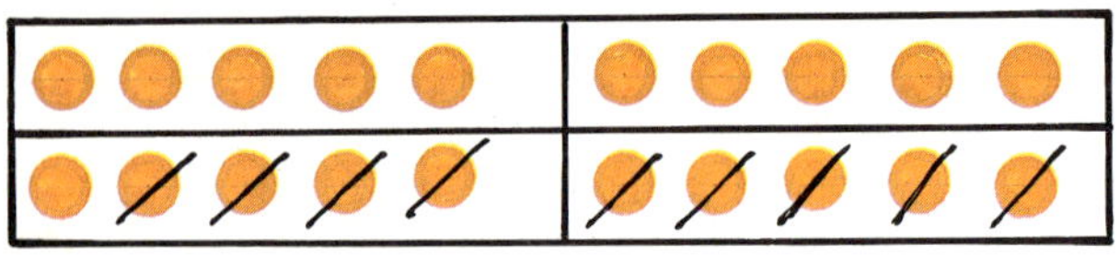

20 − 9 = □

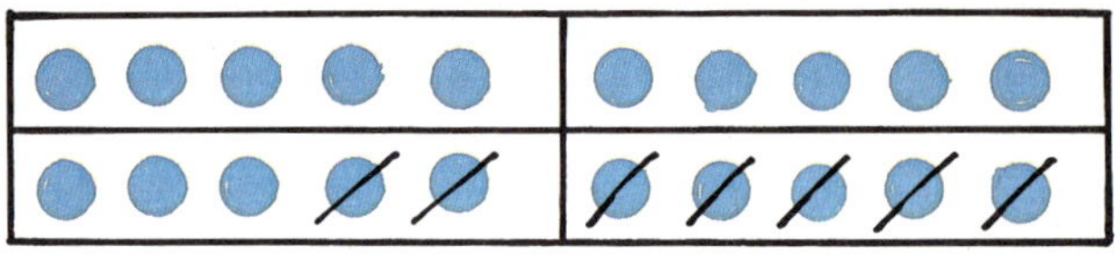

20 − 7 = □

4

20 − 10 = □	20 − 9 = □	20 − 7 = □	20 − 10 = □	17 − 6 = □	20 − 5 = □
20 − 9 = □	20 − 10 = □	20 − 8 = □	20 − 9 = □	20 − 7 = □	20 − 6 = □
20 − 10 = □	20 − 8 = □	20 − 9 = □	20 − 8 = □	20 − 8 = □	20 − 5 = □
20 − 8 = □	20 − 9 = □	20 − 7 = □	20 − 7 = □	20 − 9 = □	20 − 7 = □
20 − 9 = □	20 − 10 = □	20 − 8 = □	20 − 6 = □	20 − 10 = □	20 − 6 = □

5

20 − 4 = □	20 − 3 = □	20 − 2 = □	20 − 1 = □	20 − 2 = □	20 − 5 = □
20 − 5 = □	20 − 4 = □	18 − 3 = □	20 − 2 = □	20 − 4 = □	20 − 4 = □
20 − 4 = □	20 − 3 = □	20 − 4 = □	20 − 3 = □	20 − 6 = □	20 − 3 = □

6

20 − 2 − 2 − 2 = □	20 − 1 − 2 − 3 = □	20 − 3 − 3 − 3 = □
20 − 5 − 5 − 5 = □	20 − 4 − 4 − 4 = □	20 − 6 − 6 − 6 = □

Male das Geld. Schreibe die passenden —Aufgaben darunter.

7

Wir können Zerlegaufgaben bis 20 lösen.

Erzähle, was geschieht.

1

20 = 10 + □

2

20 = 11 + □

20 = 13 + □

3

20 = 12 + □

20 = 14 + □

4

20 = 10 + □	20 = 9 + □	18 = 11 + □	20 = 10 + □	20 = 13 + □	20 = 14 + □
20 = 9 + □	20 = 10 + □	20 = 10 + □	20 = 11 + □	20 = 12 + □	20 = 13 + □
20 = 10 + □	20 = 11 + □	20 = 12 + □	20 = 12 + □	20 = 13 + □	20 = 14 + □
20 = 9 + □	20 = 9 + □	20 = 11 + □	20 = 11 + □	20 = 12 + □	20 = 15 + □
20 = 10 + □	20 = 10 + □	20 = 12 + □	20 = 12 + □	20 = 14 + □	20 = 14 + □

5

20 = 16 + □	20 = 17 + □	20 = 18 + □	20 = 19 + □	20 = 10 + □	20 = 15 + □
20 = 15 + □	20 = 16 + □	20 = 17 + □	20 = 17 + □	20 = 11 + □	20 = 16 + □
20 = 16 + □	17 = 17 + □	20 = 18 + □	20 = 19 + □	20 = 12 + □	20 = 17 + □
20 = 17 + □	20 = 18 + □	20 = 16 + □	20 = 18 + □	20 = 13 + □	20 = 18 + □
20 = 16 + □	20 = 17 + □	20 = 18 + □	20 = 9 + □	20 = 14 + □	20 = 19 + □

6

20 DM = 10 DM + □ DM	16 DM = 10 DM + □ DM	12 DM = 10 DM + □ DM
19 DM = 10 DM + □ DM	15 DM = 10 DM + □ DM	11 DM = 10 DM + □ DM
18 DM = 10 DM + □ DM	14 DM = 10 DM + □ DM	20 DM = 15 DM + □ DM
17 DM = 10 DM + □ DM	13 DM = 10 DM + □ DM	20 DM = 14 DM + □ DM

Welches Zeichen fehlt, + oder −? Setze das richtige ein.

7

3 □ 3 = 6	10 □ 2 = 8	11 □ 4 = 15	20 □ 2 = 18
3 □ 5 = 8	20 □ 5 = 15	19 □ 6 = 13	17 □ 3 = 20

Wir können Ergänzungsaufgaben bis 20 lösen.

Erzähle, was geschieht.

1

15 + ☐ = 20

2

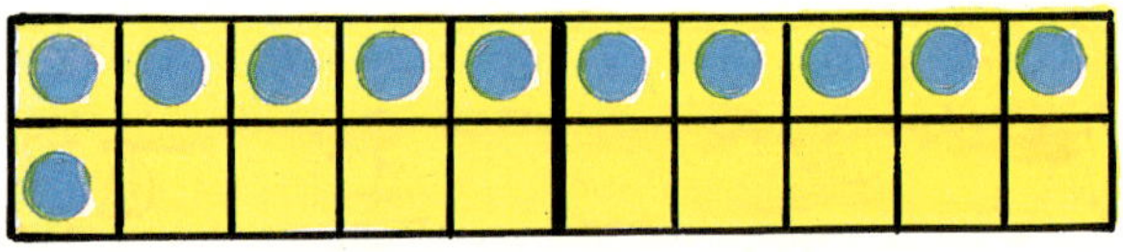

11 + ☐ = 20

13 + ☐ = 20

3

12 + ☐ = 20

14 + ☐ = 20

4

10 + 10 = 20	11 + 9 = 20	13 + 7 = 20	14 + 6 = 20	15 + 5 = 20	15 + 5 = 20
11 + 9 = 20	12 + 8 = 20	12 + 8 = 20	13 + 7 = 20	14 + 6 = 20	14 + 6 = 20
10 + 10 = 20	10 + 10 = 20	13 + 7 = 20	14 + 6 = 20	15 + 5 = 20	13 + 7 = 20
11 + 9 = 20	11 + 9 = 20	12 + 8 = 20	12 + 8 = 20	14 + 6 = 20	12 + 8 = 20
10 + 10 = 20	12 + [illegible] = 20	13 + 7 = 20	14 + 6 = 20	15 + 5 = 20	11 + 9 = 20

5

16 + 4 = 20	17 + 3 = 20	14 + 6 = 20	18 + 2 = 20	19 + 1 = 20	14 + 6 = 20
15 + 5 = 20	16 + 4 = 20	15 + 5 = 20	17 + 3 = 19	18 + 2 = 20	13 + 7 = 20
16 + 4 = 20	15 + [illegible] = 20	16 + 4 = 20	18 + 2 = 20	17 + 3 = 20	12 + 8 = 20
15 + 5 = 20	17 + 3 = 20	17 + 3 = 20	17 + 3 = 20	16 + 4 = 20	11 + 9 = 20
16 + 4 = 20	16 + 4 = 20	16 + 4 = 19	18 + 2 = 20	15 + 5 = 20	10 + 10 = 20

Lege und male das Geld. Schreibe dazu, wieviel es ist.

6

Wir wissen, daß 10 mal 2 zwanzig sind, daß 2 mal 10 auch zwanzig sind.

Lege Zweier- und Zehnerstreifen genauso.

1

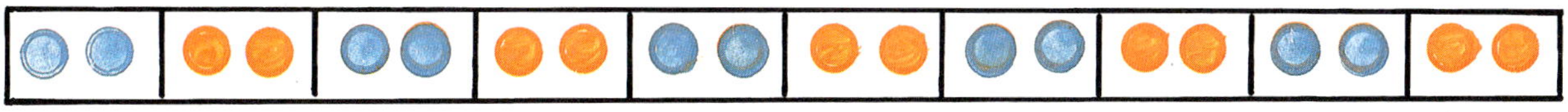

$$2 + 2 + 2 + 2 + 2 + 2 + 2 + 2 + 2 + 2 = 20$$

$$10 \cdot 2 = 20$$

2

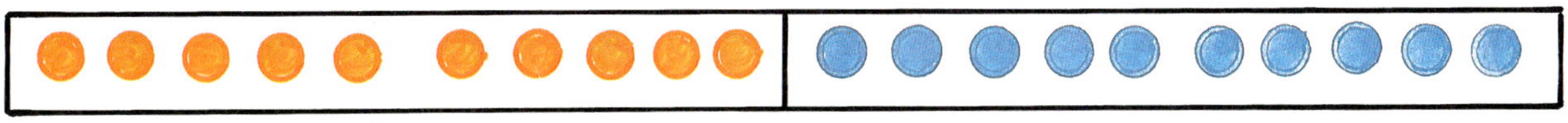

$$10 + 10 = 20$$

$$2 \cdot 10 = 20$$

3

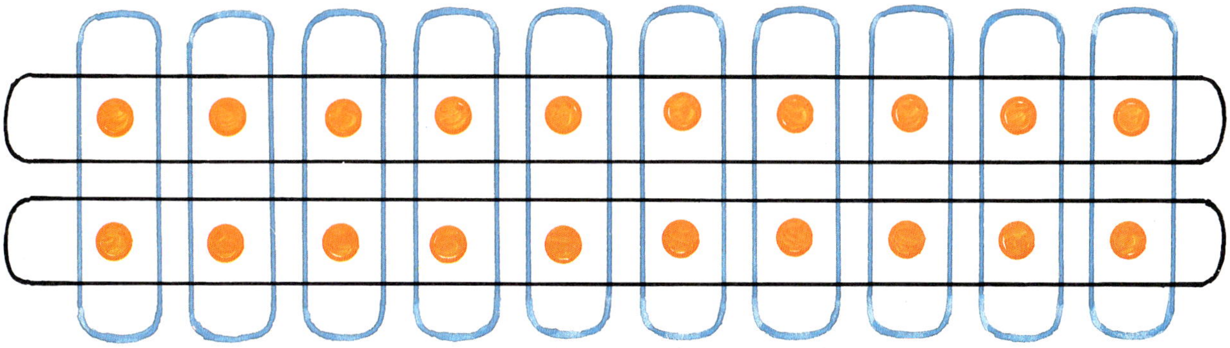

$$2 \cdot 10 = 10 \cdot 2$$

4 Male die Kästchen ab.
Trage die Zehnerzahlen ein.

									10
									20

Male die Kästchen ab.
Trage die Zweierzahlen ein.

	2		4		6		8		10
	12		14		16		18		20

5

Wir wissen, wie groß die Hälfte von 20 ist.

Lege 20 Plättchen und halbiere.

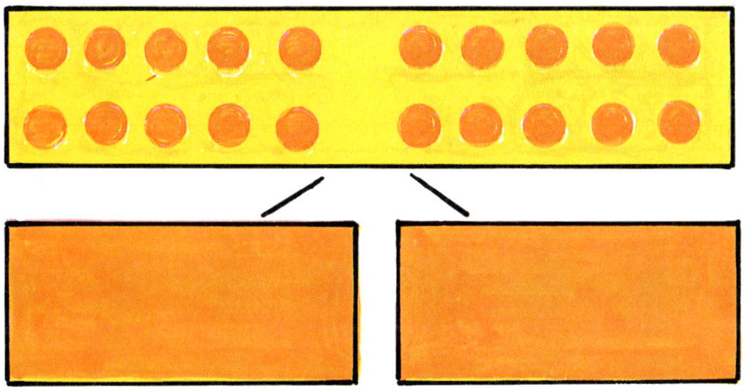

Wir wissen, wie groß das Doppelte von 10 ist.

Lege 10 Plättchen und verdopple.

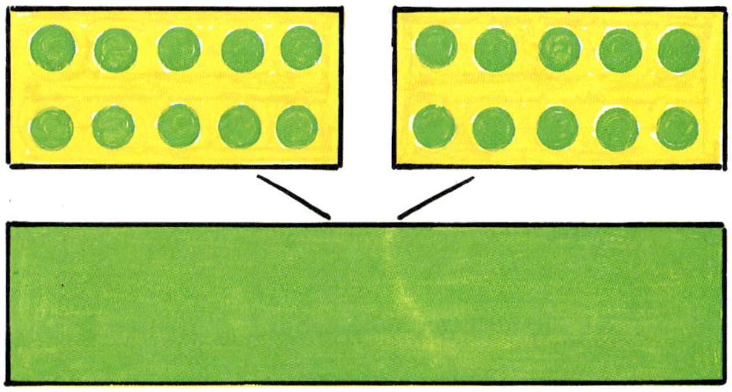

6 Schreibe die Sätze ab und füge die richtigen Zahlen ein.

Die Hälfte von 12 ist .....

Die Hälfte von 14 ist .....

Die Hälfte von 16 ist .....

Die Hälfte von 18 ist .....

Die Hälfte von 20 ist .....

7

Das Doppelte von 6 ist .....

Das Doppelte von 7 ist .....

Das Doppelte von 8 ist .....

Das Doppelte von 9 ist .....

Das Doppelte von 10 ist .....

Wir wissen, daß 4 mal 5 zwanzig sind, daß 5 mal 4 auch zwanzig sind.

Lege Vierer- und Fünferstreifen genauso.

1

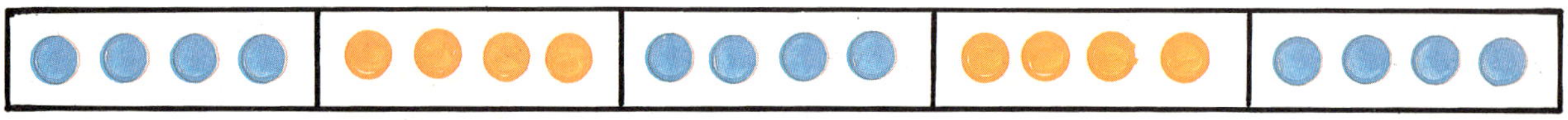

4 + 4 + 4 + 4 + 4 = 20

5 · 4 = 20

2

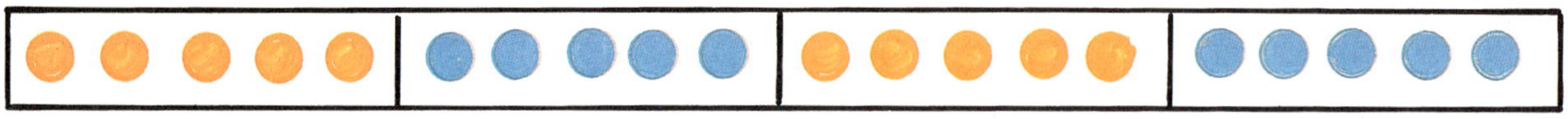

5 + 5 + 5 + 5 = 20

4 · 5 = 20

3

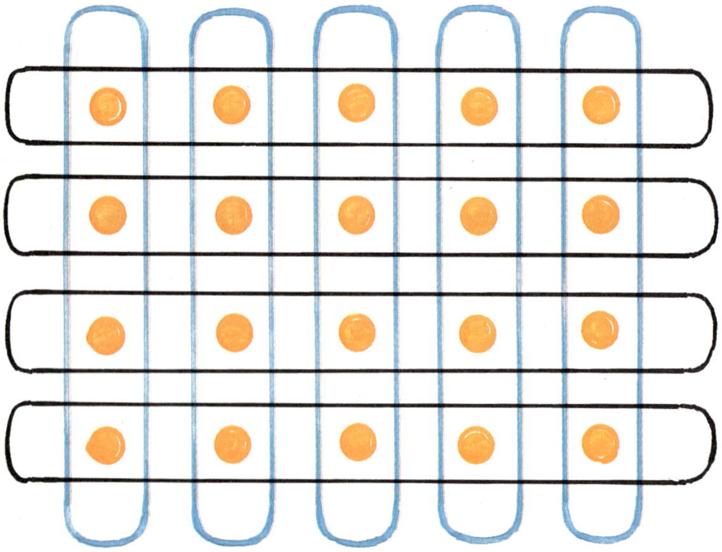

5 · 4 = 4 · 5

4

5 + 5 = □	5 + 5 + 5 + 5 = □	4 + 4 + 4 + 4 = □
2 · 5 = □	4 · 5 = □	4 · 4 = □
5 + 5 + 5 = □	4 + 4 + 4 = □	4 + 4 + 4 + 4 + 4 = □
3 · 5 = □	3 · 4 = □	5 · 4 = □

Schreibe die passenden Malaufgaben dazu.

5

4 · 5 = □

Wir können Viereck – Dreieck – Kreis unterscheiden.

1 Welche Farbe hat das Viereck, welche das Dreieck, welche der Kreis?

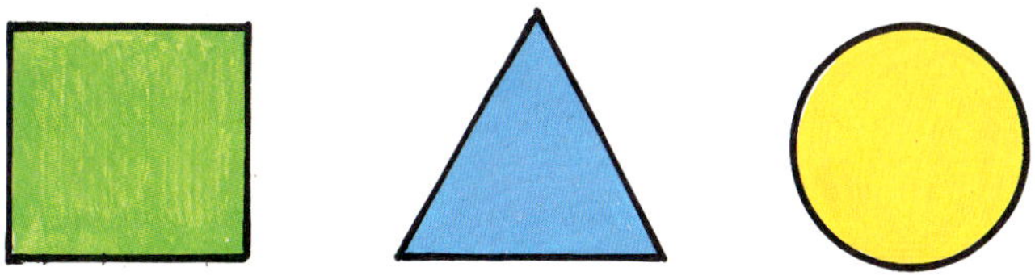

Wir können größer – kleiner unterscheiden.

2 Welche Farbe hat das größere Dreieck, der kleinere Kreis, das größere Viereck? Male die Flächen ab.

Wir können aus einer Reihe von Flächen die größte und die kleinste zeigen.

Welche Farbe hat der größte Kreis, das kleinste Viereck, das größte Dreieck?

3

4

5

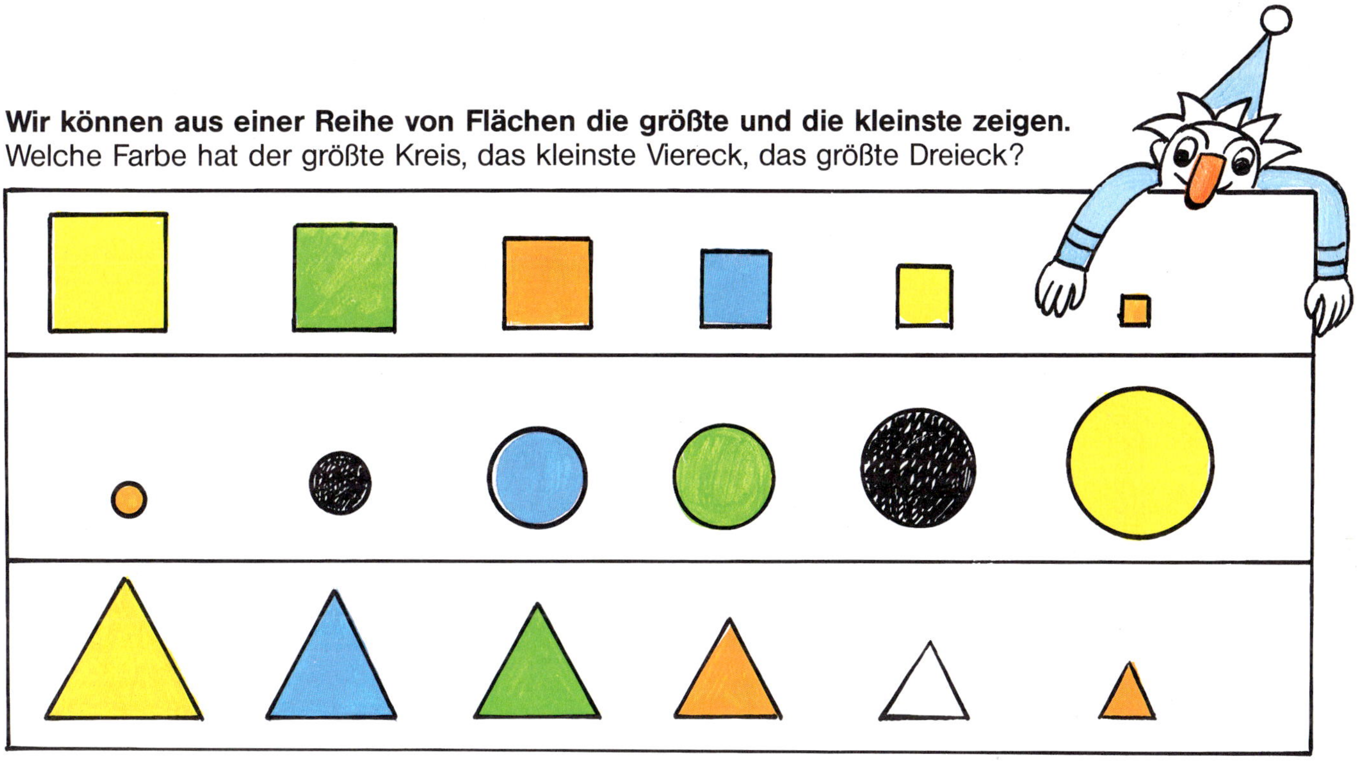

Wir können verschieden große Plättchen ordnen und numerieren.

6 Schneide verschieden große Dreiecke, Vierecke und Kreise aus. Ordne sie der Größe nach. Numeriere sie mit Ziffernkärtchen.

1 2 3 4 5 6 7

7 Welche Farbe hat das Plättchen, das falsch eingeordnet wurde?

Wir können Formen mit Stäbchen nachlegen.

Lege die Formen mit Stäbchen nach, auch bei geschlossenem Buch.

1

2

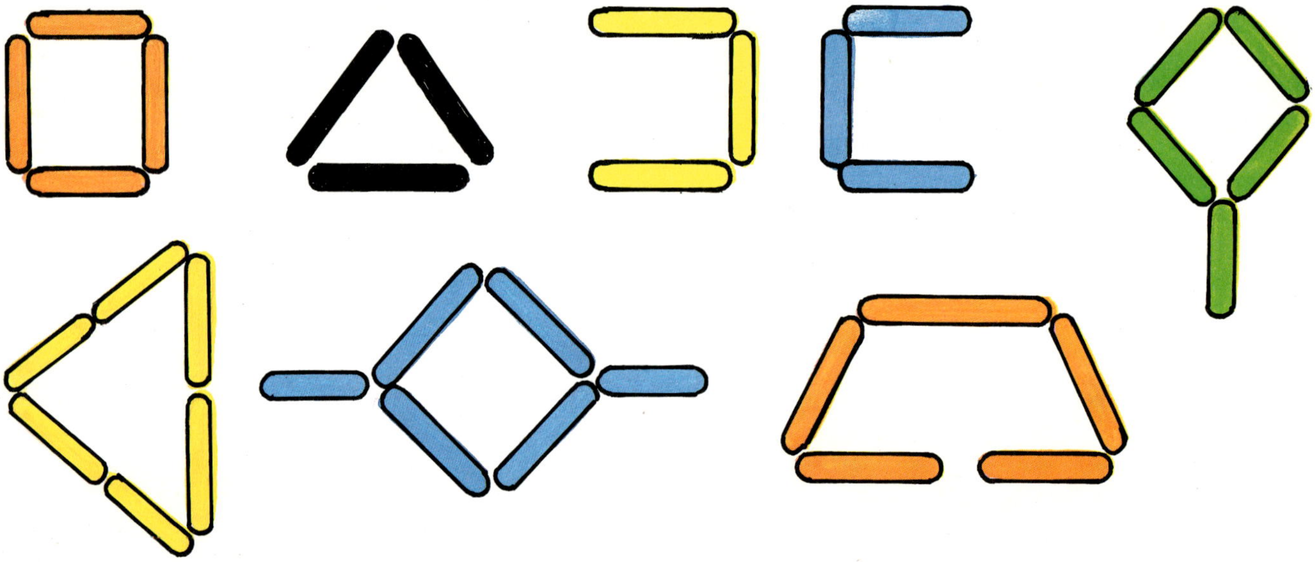

3

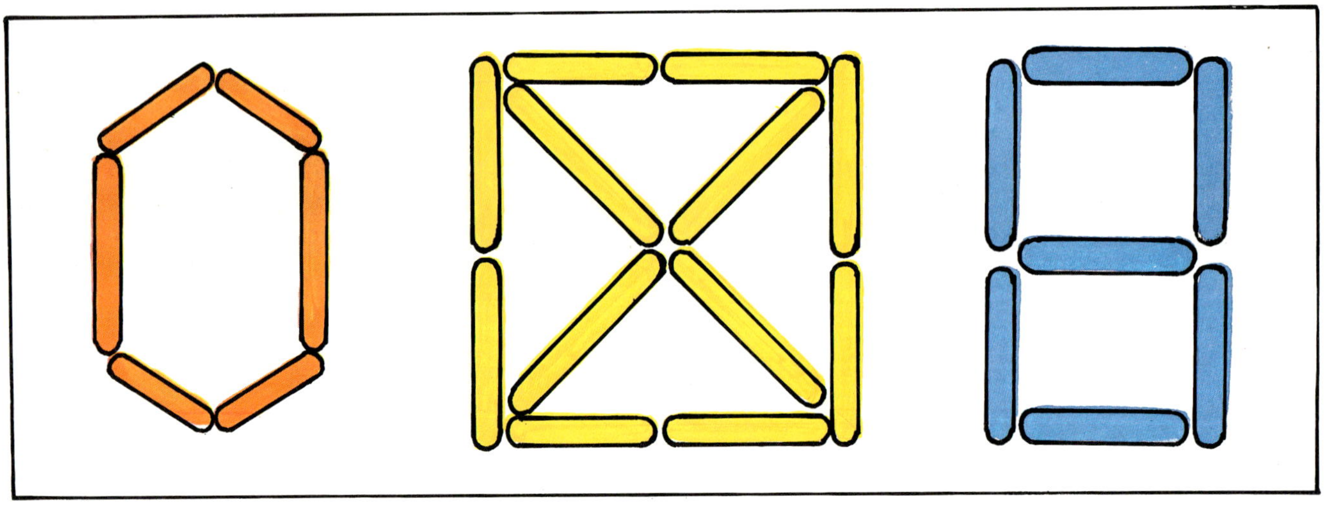

Wir können sagen, aus welcher Figur ein Viereck, aus welcher ein Dreieck, aus welcher ein Kreis gelegt werden kann.
Wo liegen die Stäbchen so, daß du daraus ein Dreieck, ein Viereck, einen Kreis legen kannst?
Wo liegen die Stäbchen so, daß kein Dreieck daraus gelegt werden kann?

4

5

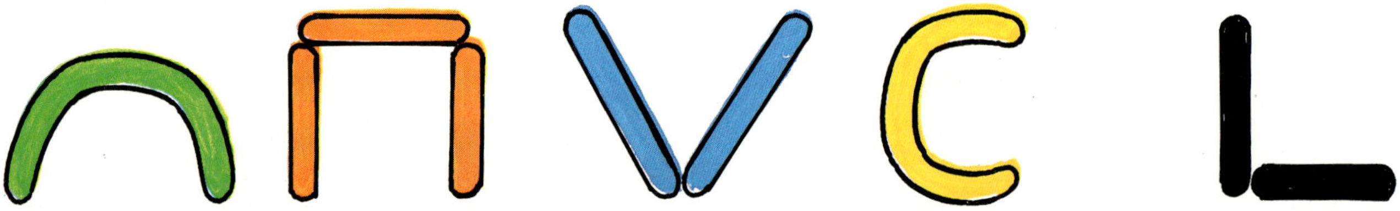

Wir können die Lage von Gegenständen bestimmen.

1 Welcher Ball liegt auf dem Schrank, welcher unter dem Schrank, welcher im Schrank?

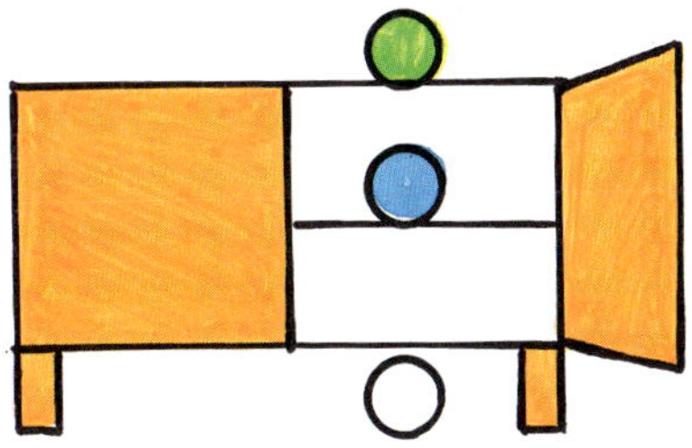

Welches Fahrzeug steht vor dem Bus, welches dahinter, welches daneben?

2 Welcher Stuhl steht neben dem Tisch, welcher auf dem Tisch?

Welches Haus steht zwischen Bäumen?

Wir können die Lage von Formen bestimmen und Formen in einer bestimmten Lage anordnen.

3 Welches Plättchen liegt oben, welches unten? Lege genauso.

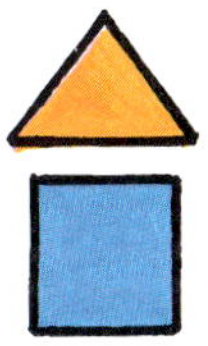

Welches Plättchen liegt links, welches rechts, welches in der Mitte? Lege genauso.

4 Welche Plättchen liegen durcheinander, welche in der Reihe? Lege genauso.

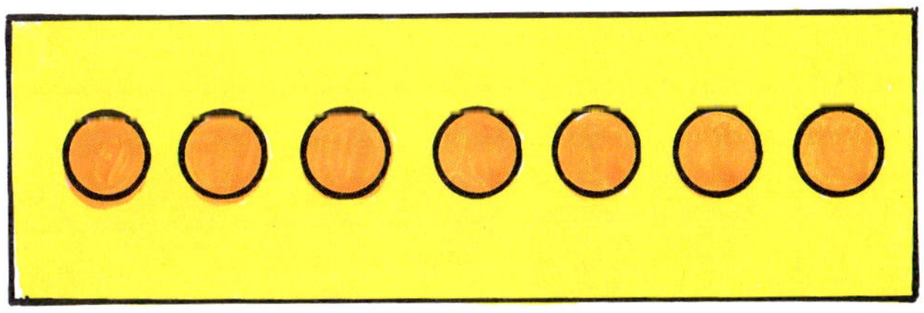

5 Welches Plättchen liegt innen, welches außen, welches auf dem Rand? Lege genauso.

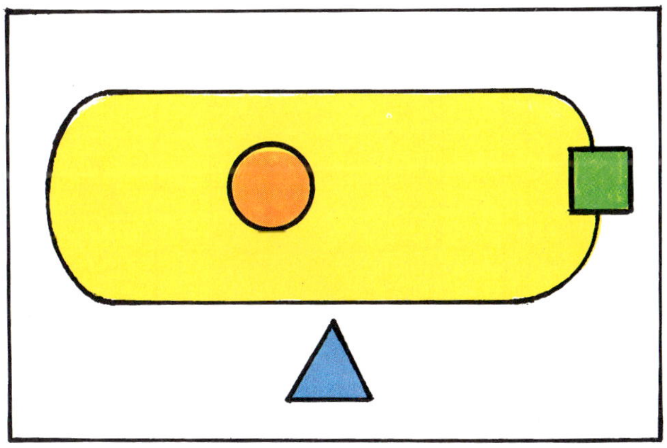

Welche Plättchen liegen weit auseinander, welche sind dicht beisammen? Lege genauso.

Wir können Muster nachlegen.

Jede Jacke hat ein anderes Muster. Lege die Muster mit Plättchen.
Schließe das Buch und lege die Muster auswendig.

1

Wir können Muster fortsetzen und abmalen.

Setze die Muster fort. Male sie ab.

2

3

4

Welche Plättchen passen nicht dazu?

5

6

Wir können Muster größengleich übertragen.

Lege farbige Würfel so, daß diese Muster entstehen.
Weitere Aufgaben findest du im Arbeitsheft.

1

4

2

5

3

6

Wir können in zusammengesetzten Flächen Kreise, Dreiecke und Vierecke erkennen.

7 Wo siehst du Kreise, wo Dreiecke, wo Vierecke?

Wir können zusammengesetzte Flächen größengleich übertragen.

Male das Haus und das Flugzeug genauso groß in dein Mathematikheft.
Weitere Aufgaben findest du im Arbeitsheft.

1

2

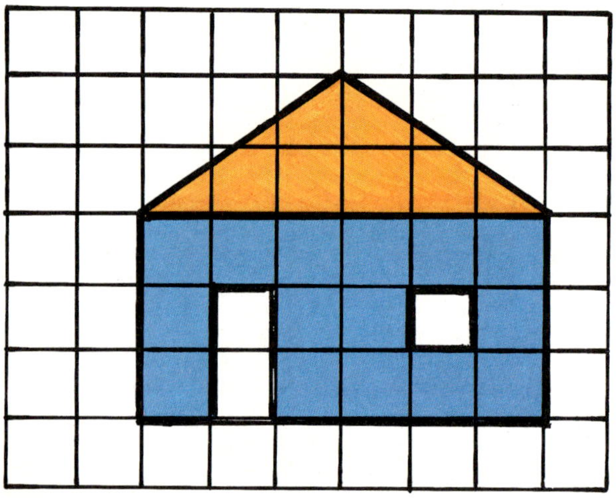

Wir können zusammengesetzte Flächen um 1 Kästchen breiter übertragen.
Male die beiden Buchstaben um 1 Kästchen breiter in dein Heft.

3

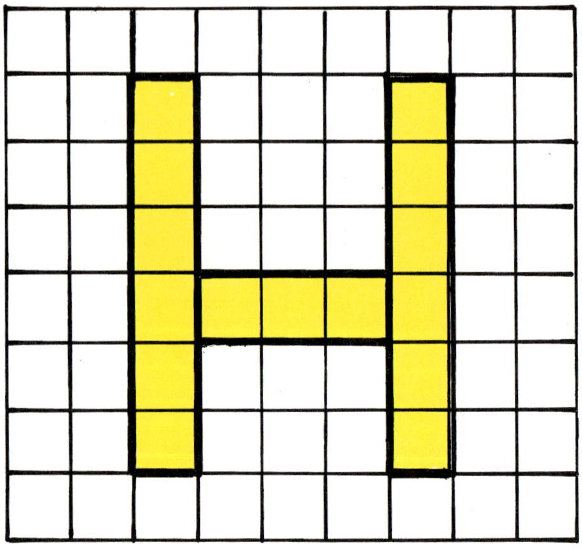

4

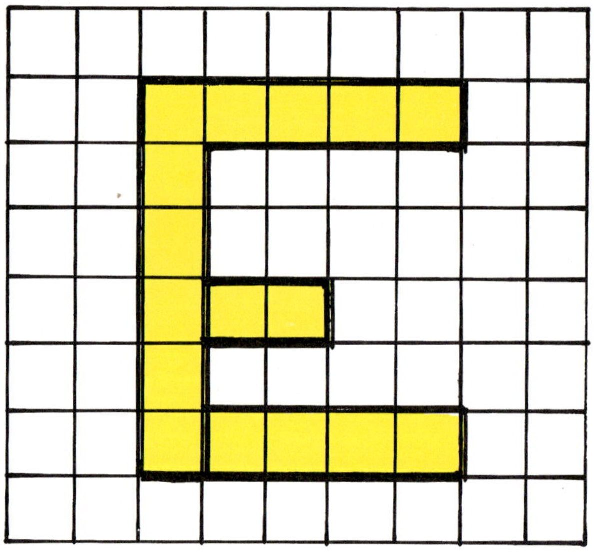

Wir können zusammengesetzte Flächen um 2 Kästchen höher übertragen.
Male die beiden Fahrzeuge um 2 Kästchen höher in dein Heft.

5

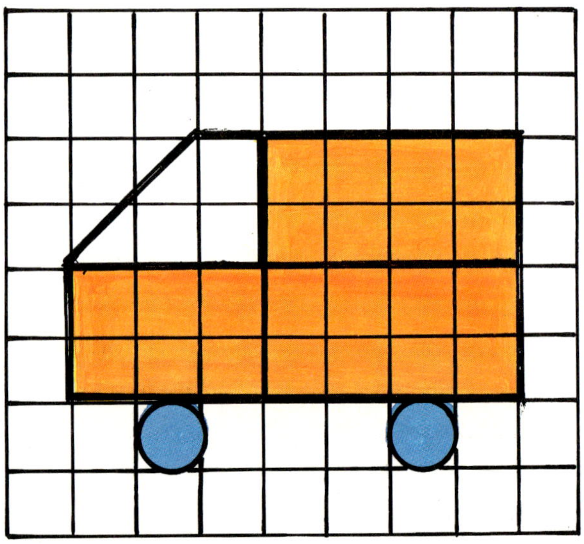

6

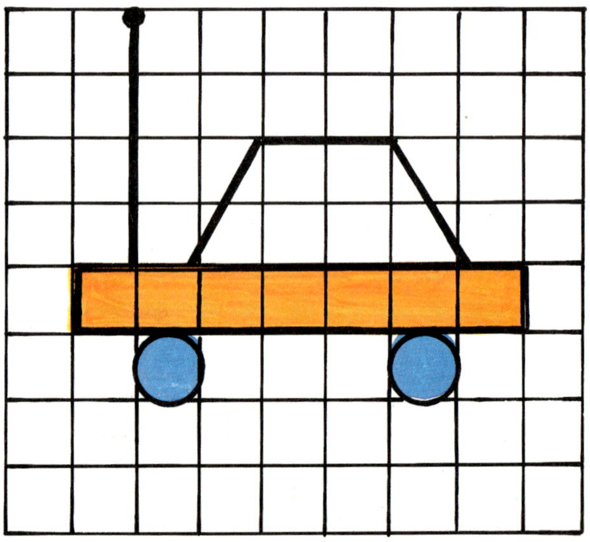

Wir können zusammengesetzte Flächen nachlegen und sagen, aus welchen Teilen sie sich zusammensetzen.

Aus welchen Teilen setzen sich die Figuren zusammen?
Lege die Figuren. Die Plättchen findest du auf dem beiliegenden Karton.

1

2

Wir können Unterschiede an zwei zusammengesetzten Flächen erkennen.
Welche Flächen sind rechts dazugekommen?
Lege zuerst die linke Figur, dann die rechte.

3

4

5

6

7 **Wir können Figuren erfinden.**
Erfinde noch andere Figuren. Verwende dazu deine Formen.

INHALT